Bauer | Die Vereindeutigung der Welt

[Was bedeutet das alles?]

Thomas Bauer

Die Vereindeutigung der Welt

Über den Verlust an Mehrdeutigkeit und Vielfalt

2018

für verena ♥

Reclam

9. Auflage

RECLAMS UNIVERSAL-BIBLIOTHEK Nr. 19492
2018 Philipp Reclam jun. GmbH & Co. KG,
Siemensstraße 32, 71254 Ditzingen
Gestaltung: Cornelia Feyll, Friedrich Forssman
Druck und Bindung: Canon Deutschland Business Services GmbH,
Siemensstraße 32, 71254 Ditzingen
Printed in Germany 2018
RECLAM, UNIVERSAL-BIBLIOTHEK und
RECLAMS UNIVERSAL-BIBLIOTHEK sind eingetragene Marken
der Philipp Reclam jun. GmbH & Co. KG, Stuttgart
ISBN 978-3-15-019492-8

Auch als E-Book erhältlich

www.reclam.de

Inhalt

1 »Alles so schön bunt hier« – Ein Zeitalter der Vielfalt?

1978 sang Nina Hagen in ihrem Punksong »TV-Glotzer«:

Ich glotz' von Ost nach West, 2, 5, 4
Ich kann mich gar nicht entscheiden,
Ist alles so schön bunt hier!
Ich glotz' TV

Was soll man heute sagen, wo fast ein jeder hunderte Programme empfangen kann, von der Vielfalt neuer Medien ganz zu schweigen? Aber nicht nur das Medienangebot ist vielfältiger geworden. Vielfältiger sind auch Identitätsangebote, Krimiserien, Zahnpasten und Schokoriegel geworden. Verwunderlich ist das freilich nicht, dass in einer kapitalistischen Konsumgesellschaft das Warenangebot vielfältiger wird – und damit auch die Identitätsangebote an all jene Leute, die diese Waren kaufen sollen. Aber leben wir deshalb tatsächlich in einem Zeitalter der Vielfalt?

In Deutschland ist der Vogelbestand seit 1800 bis heute um 80 Prozent zurückgegangen. Noch schlechter als den Vögeln geht es den Insekten. Der Entomologische Verein Krefeld etwa stellte fest, dass in 25 Jahren deren Biomasse »um bis zu 80 Prozent abgenommen hat«. Damit hätten die Insekten mit ihrem Bestandseinbruch um 80 Prozent in 25 Jahren »die Vögel mit ihrem 80-Prozent-Rückgang in 200 Jahren weit überholt«. Und die Pflanzen? Nach den Listen der International Union for Conservation of Nature gelten »etwa 70 Prozent aller Pflanzen als gefährdet«, und hat die Anzahl bedrohter Arten »im neuen Jahrtausend um über 50 Prozent zugenommen. Biologen befürchten daher, dass bis etwa 2030 jede fünfte bekannte Art aussterben könnten, bis 2050 sogar jede dritte«. Das sei, so der Ornithologe Peter Berthold, das Werk des *homo horribilis*, der sich mittlerweile zum *homo suicidalis* entwickelt hat, weil er das von ihm selbst entfesselte Artensterben kaum selbst überleben dürfte.

In der Natur geht Vielfalt also in nie dagewesenem Umfang und mit nie dagewesener Geschwindigkeit zurück. Doch wie sieht es mit der Kultur aus? Beginnen wir mit dem, was Menschen aus der Natur durch Kultivierung und Züchtung gemacht haben. ›Rote Listen‹ gibt es nicht nur für Wildtiere, sondern auch für Haustierrassen, deren eine jede Eigenschaften hat, die sie für bestimmte Umweltbedingungen und Nutzungswünsche besonders geeignet macht. Das Aussterben alter Haustierrassen ist nicht nur ein ästhetischer Verlust, sondern wird zu einem Verlust wertvoller Gene führen, die sich für zukünftige Tierzucht als überlebensnotwendig herausstellen könnten. Organisationen wie die »Gesellschaft zur Erhaltung alter und gefährdeter Haustierrassen« setzen sich für ihre Erhaltung ein und erstellen ihre eigenen Roten Listen.

Bei den Nutzpflanzen sieht die Bilanz nicht besser aus. Zwar gibt es heute mehr Müsli- und Kartoffelchipssorten denn je. Dennoch bekommen wir immer mehr Einheitsbrei vorgesetzt, so die Journalistin Silvia Liebrich: »30 000 Maissorten gab es einst weltweit, doch nur ein paar Dutzend davon werden im größeren Stil angebaut, gentechnisch veränderte Pflanzen dominieren.« Bei Bananen gibt es weltweit nur noch eine einzige Sorte. Von den einst 20 000 Apfelsorten bekommen Kunden heute höchstens noch sechs Sorten angeboten. Unter der Voraussetzung, dass, so der *Living Planet Index* des WWF, allein zwischen 1970 und 2005 die biologische Vielfalt unserer Erde um 27 Prozent abgenommen hat, kann unsere Zeit kaum eine Zeit der Vielfalt sein!

Gibt es, wenn schon nicht in der Natur, wenigstens unter den Menschen heute größere Vielfalt?

Auch hier ist Enttäuschendes zu vermelden. Zunächst einmal sprechen die Menschen immer weniger vielfältig. Die Gesellschaft für bedrohte Sprachen stellt fest, dass fast 1/3 der ca. 6500 weltweit gesprochenen Sprachen »innerhalb der nächsten Jahrzehnte aussterben«. Sprachen und Dialekte sind nun aber, so die Gesellschaft für bedrohte Sprachen,

> nicht nur Ausprägungen menschlicher Kultur und menschlichen Geistes, sondern auch Mittel der Welterschließung und des Sozialkontakts für ihre Sprecher. Sie stellen einen Wert an sich dar und sollten deshalb – auch als Manifestationen der Kreativität und der Vielfalt des menschlichen Geistes – erhalten und dokumentiert werden.

Und die Kultur? Schon Nina Hagen hat in ihrem eingangs zitierten Song festgestellt, dass die Multiplikation der Fernsehprogramme nicht unbedingt eine Steigerung der inhaltlichen Vielfalt bedeuten muss. Daran hat auch die Verhundertfachung der Fernsehprogramme seit 1978 nichts geändert. Ganz im Gegenteil hat die wundersame Vermehrung von Krimis und Talkshows Programme kulturellen Inhalts in einige wenige Spartenkanäle oder in die Zeit um Mitternacht abgedrängt.

Und die multikulturelle Gesellschaft? Mir scheint, dass wir hier ebenfalls auf eine Scheinvielfalt hereinfallen. Zunächst gilt es festzuhalten, dass Europa über viele Jahrhunderte eine der monokulturellsten Regionen der Welt war. Europa liegt als westlicher Randzipfel Asiens relativ isoliert und hat schon deshalb weniger Migranten angezogen als etwa der Nahe Osten. Schließlich hat auch die religiöse Homogenisierung im Gefolge der Christianisierung dazu geführt, dass kaum anderswo in der Welt eine derartige religiöse Geschlossenheit herrschte wie hier. Angehörige nichtchristlicher Religionen durften sich nicht niederlassen. Lediglich Juden durften hier siedeln, meist nur widerwillig geduldet und oft verfolgt. »Ketzer« wie die Katharer wurden unerbittlich ausgelöscht, und mit der Präsenz des Islams in Europa hat man rasch aufgeräumt, sobald man dazu militärisch in der Lage war. Als sich im 16. Jahrhundert so etwas wie eine christliche Pluralität herauszubilden begann, brachen Kriege aus, wie es sie, trotz aller Gegensätze und zeitweiliger Anfeindungen etwa zwischen Sunniten und Schiiten, in der islamischen Geschichte nie gegeben hatte. In der Vormoderne war kein Kontinent religiös und auch kulturell so einheitlich wie Europa. Nur vor diesem Hintergrund wird verständlich, warum man anfing zu glauben, mit dem Zuzug von »Gastarbeitern« seit den 1960er Jahren, die andere Essgewohnheiten und teilweise sogar eine andere (aber auch nicht wieder so sehr andere) Religion hatten, hätten sich unsere Städte zu multikulturellen Städten gewandelt.

Wirkliche Multikulturalität herrschte dagegen in der Vormoderne auf den Handelsrouten von Westafrika über Ägypten, den Vorderen Orient, Zentral- und Südasien bis hin nach China und Indonesien. In all diesen Städten von Marrakesch über Kairo, Tabriz, Mumbay, Buchara bis Xi'an und Aceh standen Gebetshäuser vieler verschiedener Religionen, waren die Menschen auf unterschiedlichste Weise gekleidet und hörte man auf den Straßen zahlreiche Sprachen, und all dies erschien allen normal und selbstverständlich.

Selbst wenn heute auch in Berlin und London Menschen Haussa und Suaheli sprechen, Sikhs einen Turban tragen und chinesische Restaurants gebratene Hühnerfüße servieren, kommt diese Multikulturalität dennoch nicht an die der alten Seidenstraße oder des Osmanischen Reichs vor dem Ersten Weltkrieg heran, weil es die alte Multikulturalität nirgendwo mehr gibt. Stefan Zweig hat diese Entwicklung schon 1925 in einem hellsichtigen Aufsatz beschrieben:

> Stärkster geistiger Eindruck von jeder Reise in den letzten Jahren […]: ein leises Grauen vor der Monotonisierung der Welt. Alles wird gleichförmiger in den äußeren Lebensformen, alles nivelliert sich auf ein einheitliches kulturelles Schema. Die individuellen Gebräuche der Völker schleifen sich ab, die Trachten werden uniform, die Sitten international. Immer mehr scheinen die Länder gleichsam ineinandergeschoben, die Menschen nach einem Schema tätig und lebendig, immer mehr die Städte einander äußerlich ähnlich. […] nie war dieser Niedersturz in die Gleichförmigkeit der äußeren Lebensformen so rasch, so launenhaft wie in den letzten Jahren. […] Es ist wahrscheinlich das brennendste, das entscheidenste Phänomen unserer Zeit.

Und das hat Konsequenzen, so Zweig, nämlich das

> Aufhören aller Individualität bis ins Äußerliche. Nicht ungestraft gehen alle Menschen gleich angezogen […]: die Monotonie muß notwendig nach innen dringen. Gesichter werden einander ähnlicher durch gleiche Leidenschaft, Körper einander ähnlicher durch gleichen Sport, die Geister ähnlicher durch gleiche Interessen. Unbewußt entsteht eine Gleichhaftigkeit der Seelen, eine Massenseele durch den gesteigerten Uniformierungstrieb, eine Verkümmerung der Nerven zugunsten der Muskeln, ein Absterben des Individuellen zugunsten des Typus.

Unabhängig davon also, wohin wir schauen, ob in die Natur oder zu den Menschen und ihrer Kultur: Überall ist eine Tendenz zu einem Weniger an Vielfalt, einem Rückgang an Mannigfaltigkeit zu beobachten. Man kann dafür eine ganze Reihe von (größtenteils zusammenhängenden) Ursachen benennen wie die Verstädterung, die größere Mobilität, die Globalisierung überhaupt, die Belastungen durch Verkehr, die industrialisierte Landwirtschaft, den Klimawandel, die Monopole der großen Lebensmittelkonzerne wie generell die kapitalistische Wirtschaftsweise. All diese Faktoren sind über den Menschen aber nicht schicksalshaft verhängt. Es muss also so etwas wie eine moderne Disposition zur Vernichtung von Vielfalt geben. Die heftigen Diskussionen über Multikulturalität zeigen das in aller Deutlichkeit. Obwohl es sich in Deutschland ohnehin um eine durch den Gleichmachprozess der globalisierten Moderne glattgeschliffene Multikulturalität handelt, ist sie zu einem der wichtigsten Themen des politischen Diskurses geworden. Offensichtlich kann man mit sinnlosen Leitkulturdebatten mehr Aufmerksamkeit gewinnen als mit dem Thema Lebensmittelvielfalt und -sicherheit, und eine »Kopftuchdebatte« regt weit mehr Menschen auf als der Verlust von Vögeln und Insekten.

Auf den folgenden Seiten soll es deshalb nicht so sehr um eine Kartierung der Vielfalt um uns herum, sondern um unsere Bereitschaft oder unseren Unwillen gehen, Vielfalt in all ihren Erscheinungsformen zu ertragen. Thematisiert wird einerseits unser Umgang mit äußerer Vielfalt wie ethnischer Diversität oder einer Vielfalt an Lebensentwürfen, sowie andererseits auch unser Umgang mit den vielfältigen Wahrheiten einer uneindeutigen Welt. Denn genau dies ist unsere Welt: uneindeutig. Menschen sind ständig Eindrücken ausgesetzt, die unterschiedliche Interpretationen zulassen, unklar erscheinen, keinen eindeutigen Sinn ergeben, sich zu widersprechen scheinen, widersprüchliche Gefühle auslösen, widersprüchliche Handlungen nahezulegen scheinen. Kurz: Die Welt ist voll von Ambiguität.

2 Auf der Suche nach Eindeutigkeit

Der Begriff »Ambiguität« ist im Deutschen weniger gebräuchlich als sein englisches oder französisches Äquivalent, denn *ambiguity* und *ambiguité* sind Wörter der Alltagssprache. Das Wort ist aber auch im Deutschen unverzichtbar, nämlich als Begriff für alle Phänomene der Mehrdeutigkeit, der Unentscheidbarkeit und Vagheit, mit denen Menschen fortwährend konfrontiert werden.

Manchmal ist es sinnvoll, zwischen Vagheit und Ambiguität zu unterscheiden. Für unsere Zwecke ist das aber nicht notwendig, weil beides darauf hinausläuft, dass einem Zeichen oder einem Umstand mehrere Interpretationen zugeordnet werden können, sei es, weil das Zeichen bzw. der Umstand nicht eindeutig genug ist (Vagheit) oder weil Zeichen oder Umstände auf mehrere Bedeutungen gleichzeitig hindeuten (Ambiguität im engeren Sinne). Wir verwenden also im Folgenden »Ambiguität« als Oberbegriff.

Ambiguität entsteht oft unfreiwillig, etwa dann, wenn sich ein Schützenverein das Motto gibt: »Schießen lernen – Freunde treffen.« Oft wird Ambiguität aber auch willentlich erzeugt, etwa wenn in der Literatur mehrdeutige Wortspiele oder assoziationsreiche Bilder verwendet werden, oder wenn in der Diplomatie Verträge bewusst nicht allzu eindeutig formuliert werden, um überhaupt zu einem Ergebnis zu kommen. Der bewusst vage gehaltene erste Satz des ersten Artikels des Grundgesetzes: »Die Würde des Menschen ist unantastbar«, ein Satz, über den Bibliotheken geschrieben worden sind, konnte gerade wegen seiner Ungenauigkeit zur ersten Säule des Grundgesetzes werden. Dadurch wird er deutungsoffen und ist nicht abhängig von bestimmten Vorstellungen von Würde, die zu einer bestimmten Zeit gelten.

Wichtig ist, dass Ambiguität nie vollständig vermieden werden kann. Selbst in ganz einfachen Fällen, in denen die Beseitigung von Ambiguität und Vagheit weitgehend möglich ist, erweist sich die Vereindeutigung als höchst energieaufwendig. Ein einfaches Beispiel: Es ist allgemeine Überzeugung, dass Kinder keine alkoholischen Getränke trinken sollen. Aber ab welchem Alter sollte man Jugendlichen erlauben, Bier und Wein zu kaufen? Die individuelle Entwicklung eines jeden Jugendlichen ist unterschiedlich, man kann jedoch nicht für jeden Jugendlichen eine individuelle Altersgrenze festlegen. Somit liegt ein Fall von Ambiguität vor. Der Gesetzgeber muss sich nach Gutdünken zwischen verschiedenen möglichen Altersgrenzen, von denen eine jede gute Argumente auf ihrer Seite hat, für eine einzige, allgemein gültige entscheiden. So dürfen in Deutschland Bier und Wein Jugendlichen ab 16 Jahren ausgeschenkt werden. In vielen Staaten der USA dürfen 16-jährige zwar Schnellfeuergewehre erwerben (was sie in Deutschland wiederum nicht dürfen), dagegen aber Wein und Bier offiziell erst ab 21.

Durch die Festlegung des Mindestalters scheint die Ambiguität zunächst beseitigt zu sein. Doch es bleibt ein Rest an Vagheit bei der Umsetzung der Vorschrift. Wie erkennt der Wirt, dass der Gast tatsächlich schon 21 ist? Die Lösung scheint einfach: Man lasse sich von allen jugendlichen Gästen, die nicht zweifelsfrei älter als 21 sind, den Ausweis zeigen. Aber es könnte eine allerletzte Unsicherheit verbleiben. Ab wann ist ein Gast tatsächlich ganz und gar zweifelsfrei älter als 21? Wie lässt sich auch noch die allergeringste Möglichkeit einer Fehleinschätzung des Wirtes ausschließen? Auf dem Flughafen Chicago O'Hare hat man hier die endgültige Lösung. Jeder Gast, der sich an der (übrigens ziemlich guten) Weinbar in der Abflughalle mit einem Gläschen die Flugangst lindern will, wird, egal wie alt und gebrechlich er ist, gezwungen, den Ausweis vorzulegen. »This hasn't happened to me for sixty years«, grummelte mein sichtlich greisenhafter Sitznachbar.

Sobald man Ambiguität an einem Ende zurückdrängt, entsteht sie an einem anderen Ende und in oft unerwarteter Form wieder neu. Es ist also Menschenschicksal, mit Ambiguität leben zu müssen. Vernünftig ist es zu versuchen, Ambiguität auf ein lebbares Maß zu reduzieren, ohne dabei zu versuchen, sie gänzlich zu eliminieren. Ambiguitätszähmung ist also das Ziel, an Stelle von ohnehin aussichtsloser Ambiguitätsvernichtung. Der Soziologe Zygmunt Bauman geht noch weiter, wenn er schreibt, Ambiguität erscheine inzwischen »als die einzige Kraft, die imstande ist, das destruktive, genozidale Potential der Moderne einzuschränken und zu entschärfen«.

Das Problem ist nur, dass Menschen von Natur aus mehrdeutige, unklare, vage, widersprüchliche Situationen tendenziell meiden. Menschen sind also, wie die Psychologie das nennt, tendenziell ambiguitätsintolerant. Deshalb ist es mitunter auch schwer, Ambiguität aufrechtzuerhalten.

Hierfür wieder ein triviales Beispiel, diesmal aus dem Bereich der Diplomatie, einem Bereich, der auf die Kultivierung von Ambiguität in besonderem Maße angewiesen ist. Die USA waren immer ein enger Verbündeter Taiwans, der »Republik China«. 1979 erschien es aber angebracht, diplomatische Beziehungen zur Volksrepublik China aufzunehmen, was aber nur um den Preis eines Abbruchs der diplomatischen Beziehungen zu Taiwan möglich war. Seitdem war es Politik der USA, einerseits keine diplomatischen Beziehungen zu Taiwan zu haben, andererseits das Land aber nach wie vor als engen Bündnispartner zu betrachten. Es ergab sich mithin ein typischer Fall von Ambiguität, bei dem Sätze gleichzeitig gültig waren, die eigentlich einander ausschließen, nämlich »Wir haben keine Beziehungen zu Taiwan!« und »Wir haben enge Beziehungen zu Taiwan!«. Ambiguität entstand hier dadurch, dass beide Sätze für ein unterschiedliches Bezugssystem gelten, nämlich zum einen für das der internationalen Diplomatie und zum andren für das der geopolitischen Bündnispolitik. Eine solche Ambiguität lässt sich nur aufrechterhalten, solange sie allen Beteiligten als vorteilhaft erscheint und niemandem ein Missgeschick unterläuft. Insofern war es ein gefährlicher Fauxpas, als der designierte US-Präsident am 3. Dezember 2016 mit der taiwanesischen Präsidentin telefonierte: Man darf mit Taiwan Handel betreiben, man darf Taiwan sogar Waffen liefern, man darf aber eben auf keinen Fall mit dem Staatsoberhaupt telefonieren.

Ambiguität ist nur schwer und nie restlos zu beseitigen, ganz einfach aus dem Grund, weil es eine Welt ohne Ambiguität gar nicht geben kann. Es ist aber auch nicht einfach, einen Zustand der Ambiguität aufrechtzuerhalten, weil Menschen ihrer Natur nach nur beschränkt ambiguitätstolerant sind und eher danach streben, einen Zustand der Eindeutigkeit herzustellen, als Vieldeutigkeit auf Dauer zu ertragen. Ein Zustand der Ambiguität ist mithin ein labiler. Bricht er zusammen, entsteht jedoch nicht zwangsläufig und sofort ein Zustand der Eindeutigkeit, weil nämlich sofort neue Ambiguitäten aufbrechen. Viel eher ist ein Taumeln von einer Ambiguität in die nächste die unausbleibliche Folge. Individuen und Gesellschaften täten also gut daran, nach dem rechten Maß an Ambiguität zu streben. In unserer heutigen Welt scheint mir vor allem eine zu geringe Ambiguitätstoleranz das Problem zu sein. Deshalb werde ich mich in der Folge auf Problemlagen konzentrieren, die durch ein Zuwenig an Ambiguitätstoleranz (mit) verursacht werden, ohne dabei die Probleme verleugnen zu wollen, die ihr Überhandnehmen mit sich bringen würde.

3 Kulturen der Ambiguität

Die Erste, die darauf hingewiesen hat, dass sich die Menschen hinsichtlich ihrer Ambiguitätstoleranz unterscheiden, war 1949 die Psychologin Else Frenkel-Brunswik. Spätere Psychologen und Psychiater haben den Ansatz verfeinert, doch blieb er lange auf die Individualpsychologie beschränkt. Nun entwickeln sich Individuen aber nicht unabhängig von ihrer Umwelt, und diese Umwelt beeinflusst nicht nur das, was wir wissen oder zu wissen glauben, sondern auch das, was wir schätzen oder ablehnen, was wir hoffen und was wir fürchten, und schließlich auch das, was wir fühlen und wie wir empfinden.

Diese Fragestellungen, die primär individuelle Merkmale als Merkmale von Gemeinschaften untersuchen, sind Gegenstand von Disziplinen wie der Mentalitätsgeschichte und der historischen Anthropologie. So hat etwa Philippe Ariès, ein Pionier dieser Forschungsrichtung, in seiner *Geschichte des Todes* festgestellt, dass sich die Vorstellungen der Menschen von einem guten Tod im Laufe der Geschichte in Europa stark verändert, wenn nicht sogar in ihr Gegenteil verkehrt haben. In der frühen Neuzeit beteten die Menschen darum, vor einem plötzlichen Tod verschont zu bleiben, um nicht die Gelegenheit zu verpassen, auf dem Totenbett die Sakramente zu empfangen, die letzten Angelegenheiten zu ordnen und von Freunden und Familie Abschied nehmen zu können. Heute erscheint dagegen den meisten Menschen ein möglichst plötzlicher und schmerzloser Tod als erstrebenswert. Nun mag es auch im 16. Jahrhundert Menschen gegeben haben, die gerne schnell und möglichst unbewusst gestorben wären, der gesellschaftliche Konsens war aber ein anderer.

Ein mentalitätsgeschichtlicher Befund sagt also nichts über das jeweilige Individuum aus, wohl aber über die gesamtgesellschaftliche Tendenz. In diesem Sinne lassen sich nun auch

Gesellschaften hinsichtlich ihrer größeren oder geringeren Ambiguitätstoleranz miteinander vergleichen. Dabei zeigt sich sehr anschaulich, wie sich Gesellschaften hinsichtlich des Parameters Ambiguitätstoleranz voneinander unterscheiden und wie sie sich entlang dieses Parameters zu mehr oder weniger Ambiguitätstoleranz hin entwickeln.

Ich möchte zunächst mit drei Fallbeispielen beginnen. Am Anfang stehe der Erlebnisbericht eines Psychiaters, dem bei einem längeren USA-Aufenthalt die dort im Vergleich zu Deutschland erkennbar geringere Ambiguitätstoleranz aufgefallen ist. Es folgen zwei historische Fallbeispiele aus dem Bereich der Religion, die zeigen, wie sowohl katholische als auch protestantische Ambiguitätstoleranz an ihre jeweiligen Grenzen stießen.

Kein Unentschieden in den USA

Christopher Baethge, Professor für Psychiatrie, verbrachte mehrere Jahre im Rahmen eines Forschungsaufenthalts in den USA und hat über seine Erfahrungen in einem Aufsatz über den Umgang mit Ambivalenz in diesem Land berichtet. Unter Ambivalenz versteht Baethge das gleichzeitige Erleben widersprüchlicher Emotionen, also etwa dann, wenn man von einer Person oder Sache gleichzeitig angezogen und abgestoßen wird. Ambivalenz ist die psychische Reaktion auf Phänomene, die vom Betrachter selbst als ambig wahrgenommen werden. Ambivalenzintoleranz geht somit einher mit Ambiguitätsintoleranz (doch wir müssen uns für unsere Zwecke hier nicht intensiver mit dem Unterschied zwischen beiden beschäftigen).

Baethge fiel nun auf, dass man in den USA ambivalente Situationen weit stärker fürchtet und zu vermeiden trachtet als in Deutschland. US-Amerikaner sind »um größte Eindeutigkeit bemüht« und versuchen im Allgemeinen – und dies trotz ihrer kulturell heterogenen Herkunft und großer individueller Unterschiede – »das Aufkommen von Ambivalenz um jeden Preis zu verhindern«. Baethge ist irritiert von den tiefen Stimmen der Männer (und hätte auch die hohen, in Europa oft als schrill empfundenen Stimmen der Frauen nennen können), »so laut und so tief, so kehlig und männlich, daß man sich als Deutscher fast effeminiert vorkommt. Kein Wunder, wenn europäische Männer erstaunt davon berichten, in Amerika für schwul gehalten worden zu sein«. Amerikaner legen auch Wert auf größeren körperlichen Abstand und tendieren dazu, längeren Blickkontakt als übergriffig zu empfinden. Gleichermaßen amüsant wie bezeichnend ist Baethges Beobachtung, dass in den USA gerade jene Mannschaftssportarten besonders beliebt sind, in denen es nie oder so gut wie nie ein Unentschieden gibt: American Football, Baseball und Basketball, während der europäische Fußball, in dem Spiele oft unentschieden enden, keine vergleichbare Begeisterung entfachen kann.

Gefragt, wie es ihm gehe, würde ein Amerikaner nie mit einem mürrischen und uneindeutigen »Muss!« oder »Man wird halt älter« antworten, sondern stets beteuern, dass es ihm ausgezeichnet gehe, weil selbst amerikanische Floskeln »im Unterschied zu deutschen in Wortwahl und Intonation um größte Eindeutigkeit bemüht sind«. Unabhängig davon, »ob die amerikanische Rhetorik aus europäischer Perspektive entweder hohl oder grob vereinfachend oder erfrischend klar und dynamisch wirkt«, sei das Charakteristikum der amerikanischen Rede schlechthin »ihre Eindeutigkeit«.

Noch ernster wird es, wenn wir die Auswirkungen dieser Ambivalenzflucht auf die Außenpolitik betrachten. Die Neigung zum direkten Eingreifen, um Zustände eindeutig zu klären, also zum Interventionismus, speist sich nicht zuletzt aus der Tendenz, auch in der Politik »Schwebezustände und Kompromisse zu vermeiden«.

Schließlich weist Baethge auch auf einen Zusammenhang zwischen Ambivalenzfurcht und Kapitalismus hin. In den USA soll man sich voll für seinen Beruf einsetzen. Dort sei »ambivalente Zögerlichkeit daher gewiss keine große Hilfe«. Oder anders gesagt: »Ambivalenzvermeidung ist auch eine der Voraussetzungen für individuellen Erfolg.«

Das Verhältnis ist hier aber, wovon später noch die Rede sein soll, ein gegenseitig abhängiges, reziprokes: Nicht nur ist die Vermeidung von Zweideutigkeit und Zögerlichkeit hilfreich für eine Karriere im Kapitalismus, sie ist geradezu eine Voraussetzung für den Erfolg des Kapitalismus überhaupt. Denn bei allen Kosten, die er für jeden sichtbar fordert, verspricht er doch eines: Eindeutigkeit. Jeder Ware und jedem Menschen (der dafür ebenfalls Warencharakter annehmen muss) kann über die Mechanismen des Marktes ein exakter Wert zugemessen werden, der in einer exakten Zahl ausgedrückt werden kann und damit jedes Nachdenken über Wert und Werte beendet. Der Kapitalismus mag in den USA besonders tief verwurzelt sein. Er wird aber auch in Europa für alternativlos gehalten. Baethges Beobachtungen über die Vereinigten Staaten, wo offensichtlich deutlich weniger Ambiguitätstoleranz zu verzeichnen ist als in Europa, sollten nicht darüber hinwegtäuschen, dass auch die heutigen Gesellschaften Europas nicht selige Inseln der Ambiguitätstoleranz darstellen.

Zeitweiliges Unentschieden in Rom

Anscheinend ist in Sachen Ambiguitätstoleranz die Geschichte in Europa turbulenter verlaufen als in anderen Weltgegenden. Deutlich häufiger als etwa in nahöstlichen Gesellschaften wechselten sich in Europa relativ ambiguitätstolerante Epochen wie Renaissance, Humanismus und Barock mit stark ambiguitätsintoleranten Epochen ab, wie sie die Zeit der Religionskriege, der Französischen Revolution oder das Zeitalter der Ideologien im späten 19. und im 20. Jahrhundert darstellen.

Ein guter Indikator für die Ambiguitätstoleranz westeuropäischer Gesellschaften ist der jeweilige Zustand der katholischen Kirche, denn die katholische Kirche ist überraschend ambiguitätstolerant. Keine andere Institution halte »so viele Zweideutigkeiten aus, so viele Widersprüche und kulturelle Unterschiede«, so der Journalist Matthias Drobinski. Deshalb müsse »die katholische Kirche keine Zukunftsangst haben: Gerade weil sie die Spannung von Vielfalt und Einheit, Tradition und Moderne aushält [...] ist sie eine starke Institution«.

Ein gutes Beispiel für ihre Ambiguitätstoleranz bildet die katholische Persienmission im 17. und 18. Jahrhundert. Beteiligt waren verschiedene Orden, unter anderen sogar die Unbeschuhten Karmeliter, für die alleine schon ein Missionsauftrag in Asien eine nicht unumstrittene Herausforderung war, denn schließlich waren und sind die Karmeliter ein kontemplativer Orden. Weil nun der päpstliche Auftrag auch noch eine diplomatische Mission einschloss, mussten sie vollends über ihren Schatten springen: Um überhaupt ernst genommen zu werden, mussten die Mönche höfisch gekleidet hoch zu Ross erscheinen, ein Widerspruch, den man der Sache halber ertrug.

Die Muslime begegneten, wie in der damals sehr ambiguitätstoleranten persischen Gesellschaft nicht anders zu erwarten, den Missionaren freundlich und respektvoll. Sie erhielten, so der Historiker Christian Windler, »in Persien wie auch im Osmanischen Reich Handlungsspielräume, wie sie Priester und Pastoren anderer Konfession in der Frühen Neuzeit in Westeuropa nur ausnahmsweise vorfanden«. Bekehren ließen sich die Muslime aber nicht, und so richtete sich das Hauptaugenmerk der Missionare bald auf die große Gemeinde armenischer Christen in Persien.

Manchmal stellten die Missionare die Kurie in Rom jedoch vor unauflösbare Widersprüche. So war etwa die Familie Sheriman, eine der reichsten Familien der Zeit mit Handelsniederlassungen in Europa und Asien, der wichtigste Schutzherr und Mäzen der unierten Armenier, also jener armenischen Christen, die sich der katholischen Kirche angeschlossen und den Papst als Oberhaupt anerkannt hatten. Wie in Armenien üblich, pflegten auch die Sherimans ihre Kinder oft schon im Kindesalter zu verheiraten. Als nun ein solcher Fall eintrat, stellten die Missionare eine Anfrage an die Kurie, ob man dies dulden könne. Das Dilemma war nicht lösbar. Einerseits konnte man Kinderehen auf keinen Fall erlauben, andererseits konnte man es sich unmöglich mit den Sherimans und den unierten Armeniern verscherzen. Was sollte man also mit einer solchen Anfrage anfangen? Glücklicherweise hatte die Kurie ein Mittel parat, um solche Fälle zu lösen. Es hieß: *Nihil esse respondendum.* – »Es soll keine Antwort gegeben werden.« *Nihil esse respondendum* wurde also »zu einer vielfach verwandten Formel, wenn sich das Heilige Offizium mit *dubia* [Zweifeln] konfrontiert sah, bei denen sich ein tiefer Graben zwischen Prinzipien der nachtridentinischen Kirche, von denen die Kongregation nicht abrücken wollte, und den Zwängen der lokalen Verhältnisse eröffnete«. Anstatt die Anfrage einfach zu verschleppen, fasste man also einen formellen Beschluss – der darin bestand, zu beschließen, nichts zu beschließen –, ein virtuoses Ambiguitätskunststück, das uns heute mit unserer weniger ambiguitätstoleranten Mentalität kaum mehr einleuchten kann.

Ein Zurück zu *Nihil-esse-respondendum*-Zeiten ist heute wohl kaum noch möglich. Der Münsteraner Kirchenhistoriker Hubert Wolf hat in seinem Buch *Krypta* aber gezeigt, dass der heutige Katholizismus sehr wohl vom Katholizismus ambiguitätstoleranterer Zeiten lernen kann. Die bereits von Windler für das 18. Jahrhundert festgestellte Entwicklung hin zu immer weniger Ambiguitätstoleranz setzte sich nämlich fort. Einen Tiefpunkt bezeichnet das von Papst Pius IX. 1870 während des Ersten Vatikanischen Konzils mit dubiosen Methoden durchgesetzte Unfehlbarkeitsdogma. Zuvor schon hatte er 1864 mit dem *Syllabus errorum* (»Verzeichnis der Irrtümer«) den bis dahin wohl am stärksten ideologisierten Text der katholischen Kirche veröffentlicht. Das Zweite Vatikanische Konzil von 1962 bis 1965 vermittelte zwar in manchen Bereichen ein Gefühl des Aufbruchs, etwa im Verhältnis zu den Juden und zur Religionsfreiheit, bot aber nicht überall eine Öffnung zu mehr Ambiguitätstoleranz. So wurden Frauen in der kirchlichen Hierarchie nicht bessergestellt. Äbtissinnen etwa hatten zuvor oft die Jurisdiktionsgewalt von Bischöfen. Vielfach verwendete man bei der Äbtissinnenweihe ähnliche Texte wie bei der Weihe von Bischöfen, und die Äbtissinnen waren durchaus der Meinung, ihre Weihe verliehe ihnen auch sakramentale Vollmachten analog einer Diakonenweihe. Diese Tradition endete nun sogar erst nach dem Zweiten Vatikanischen Konzil: Alle an die Bischofsweihe erinnernden Passagen wurden gestrichen »und der ganze Akt auf eine harmlose Einsegnung der Äbtissin reduziert, um alles zu vermeiden, was irgendwie an die Weihe von Frauen erinnert hätte«.

Auch in der Liturgie machte das Zweite Vatikanische Konzil einen weiteren Schritt in Richtung Vereindeutigung. Der Psychoanalytiker Alfred Lorenzer kritisierte 1981 detailliert die Entwicklung der Liturgie »zur Gleitschiene der Bevormundung«. Die »Unterordnung des Rituals unter die Wortverkündigung« habe einen »ideologisierend-didaktischen Zwang, eine gradlinige Zufuhr zentralistisch gesteuerter Maximen für Weltdeutungen, eine Reglementierung der Lebenspraxis durch ein pausenlos ablaufendes, didaktisch geschickt eingerichtetes Erziehungsprogramm« gebracht. Papst Johannes XXIII. pries während des Konzils noch die liturgische Vielfalt der Kirche. »Das Konzil und die kurialen Ausführungsorgane nach dem Konzil«, meint Lorenzer, »haben ebendiese Vielfalt erfolgreich wegzentralisiert.« Die Bedeutung von Kunst und Musik sei geschwunden, wie die Liturgie überhaupt an Sinnlichkeit eingebüßt habe. In Lateinamerika, wo sich viele regionale Besonderheiten, oft mit synkretistischem Hintergrund, ausgeprägt hatten, wirke sich dies besonders drastisch aus: »Wer den Spielraum der Phantasie an der Basis des Volksspiels einengt, ihn überprüft (auf christologische Reife hin), kontrolliert (auf magisch-heidnische Zutaten), reglementiert [...] und wer ihn insgesamt in den Dienst der Wortverkündigung stellen will, vertreibt mit Notwendigkeit die sinnliche Symbolik.«

Zu den alten Höhen an Ambiguitätstoleranz ist die katholische Kirche nicht wieder vorgedrungen, wie auch Matthias Drobinski anlässlich des Rücktritts von Benedikt XVI. 2013 feststellt: Die letzten beiden Päpste hätten »in insgesamt mehr als 34 Jahren Regierungszeit das Ambige in ihrer Kirche als Problem gesehen [...], als ängstigenden, möglichst gründlich zu beseitigenden Missstand«, hätten »Eindeutigkeiten durchzusetzen versucht, die in Wahrheit nicht durchzusetzen sind«, und dabei »das vielfältige Nebeneinander des Katholischen zu zähmen und zu disziplinieren versucht, indem sie ihre Kirche zentralisierten und Debatten für beendet erklärten, als ob sich dadurch Fragen aus der Welt schaffen ließen«. Die katholische Kirche sei dabei »nicht eindeutig geworden, sondern krank, gespalten und nach innen wie nach außen kommunikationsgestört«. Wir werden sehen, dass eine Entwicklung zu weniger Ambiguitätstoleranz den Islam vielleicht etwas später, dafür aber umso heftiger getroffen hat.

Kurzzeitiges Unentschieden in Genf

Zu Zeiten der Renaissance entstand ein Ambiguitätsüberschuss, also etwas, was in der europäischen Geschichte eher selten vorkommt. Während sich Kunst und Kultur in Italien auf das Prächtigste entfalteten, wollten viele die überbordende Ambiguitätstoleranz der Renaissancepäpste nicht mehr unwidersprochen hinnehmen. Das Resultat war wieder ein typisch europäisches. In anderen Weltgegenden hätte man eher Kompromisslösungen gefunden, also: Reformen statt Reformation. In Europa aber folgten Kirchenspaltungen und ein religiöser Rigorismus, wie es ihn kaum je zuvor auf so breiter Front in der Welt gegeben hatte.

Dabei gab es reichlich mahnende und versöhnliche Stimmen, wie etwa die von Erasmus von Rotterdam, und an vielen Orten viel guten Willen zum Kompromiss, so auch in Genf, wo die Reformation dann aber letztendlich eine besonders radikale Gestalt annehmen sollte. Dass es dazu kam, war zunächst alles andere als ausgemacht. Religion alleine hätte auch nicht dazu ausgereicht, in Genf eine *Tyrannei der Tugend* – so der Titel eines Buches von Volker Reinhardt – zu etablieren. Religiöser Rigorismus motiviert in der Regel nur Einzelne. Um daraus eine breite Bewegung entstehen zu lassen, bedarf es immer auch und vor allem politischer Motivationen und günstiger politischer Begleitumstände. Das war sowohl bei Luther als auch bei Calvin der Fall, und es ist bei den Taliban und dem IS nicht anders. Selbst tiefreligiöse Menschen wissen oder spüren zumindest unbewusst, dass Religion eine ambiguitätshaltige Angelegenheit ist, in der man nur unter völliger Selbstverleugnung letzte Gewissheit postulieren kann. Um religiösen Rigorismus auf breiter Front zu mobilisieren, ist deshalb stets auch ein Anstoß von außen nötig. Häufiger noch sind Fälle, in denen ein äußeres, politisches Motiv religiöse Energien in den Dienst der eigenen Sache stellt.

Die Reformation in Genf liefert hierfür ein gutes Beispiel: Zunächst gab es auch hier Reformbestrebungen, die aber nicht allzu rigoros durchgeführt wurden: »Leben und leben lassen«, so lautete die Devise. Das hätte lange so weitergehen können, wären da nicht politische Mächte gewesen, denen gegenüber man sich positionieren musste. Da waren die unbeliebten Herzöge von Savoyen, zu denen man durch eine pro-eidgenössische Politik Distanz schaffen wollte. Deshalb ging man 1526 mit Freiburg/Fribourg und Bern eine *combourgeoisie* ein. Als nun aber Bern zwei Jahre später die Reformation einführte, während Freiburg beschloss, ein Bollwerk des alten Glaubens zu bleiben, wuchs der Druck auf Genf, sich endlich für die eine oder andere Richtung zu entscheiden. Das pragmatische Bürgertum, dem religiöser Rigorismus fernlag, versuchte es mit einer geradezu klassischen ambiguitätstoleranten Lösung: Man verfolgte eine Politik des »dritten Wegs«, nämlich »den Glauben zur Angelegenheit des individuellen Gewissens zu erklären, den Geistlichen eine Predigt auf der Grundlage des reinen Gottesworts zu befehlen und ansonsten alles beim Alten zu lassen.« Auch die Fastenpredigten sollten allein auf der Bibel beruhen, während man am Gebot des Fleischverzichts festhielt. Da es nun aber schwer ist, Ambiguität aufrechtzuerhalten, da weder Katholiken noch Reformierte mit dieser Lösung zufrieden waren, und da es reichlich politische und sogar militärische Gründe gab, sich für die eine oder die andere Richtung zu entscheiden, endete dieser Versuch, einen Mittelweg zu gehen, schon wenige Jahre später, als am 8. Oktober 1535 der letzte katholische Gottesdienst in der Kathedrale gefeiert wurde. Der Prediger Guillaume Farel, der gegen die »Verunreinigung des Glaubens durch die eigennützigen römischen Erfindungen« gewettert hatte, hatte sich durchgesetzt.

Im folgenden Jahr ließ sich nun, von Farel unterstützt, Johannes Calvin in Genf nieder und setzte dort seine »Tyrannei der Tugend« durch. Wenn heute muslimische Fanatiker Ähnliches anstreben, dann heißt es immer, sie wollten einen »Gottesstaat«. Der Begriff »Gottesstaat« stammt von Augustin (*De civitate Dei*), der damit aber etwas ganz anderes meinte. Ein arabisches Äquivalent gibt es nicht, und im Islam kommt der Begriff ebenso wenig vor, wie er im calvinistischen Genf gebraucht wurde. Man sollte ihn also heute tunlichst vermeiden.

Jenseits dieser Begrifflichkeit gibt es aber doch auffällige Gemeinsamkeiten zwischen Calvins »Tyrannei der Tugend« und islamistischen Gesellschaftsvorstellungen. Beide lassen sich unter den Begriff des Fundamentalismus fassen, der viele Definitionen und Deutungen erfahren hat. Interessant ist dabei aber vor allem, welche seiner Elemente sich auf Ambiguitätsintoleranz zurückführen lassen, denn daran, dass eine zutiefst ausgeprägte Ambiguitätsintoleranz jedem Fundamentalismus zugrunde liegt, kann schwerlich gezweifelt werden. Hat man dieses Fundament des Fundamentalismus erkannt, wird man leicht entsprechende fundamentalistische Wesenszüge auch in gesellschaftlichen Bereichen erkennen können, in denen es bislang nicht üblich war, von Fundamentalismus zu sprechen.

Beginnen wir mit dem Begriff der Wahrheit. Wer Eindeutigkeit erstrebt, wird darauf beharren, dass es stets nur eine einzige Wahrheit geben kann und dass diese Wahrheit auch eindeutig erkennbar ist. Eine perspektivische und damit nichteindeutige Sichtweise auf die Welt wird abgelehnt. Für Calvin ist die Bibel in allen wichtigen Punkten absolut eindeutig und uneingeschränkt verbindlich – ohne jeden Spielraum für Interpretation. Parallelen zu heutigen fundamentalistischen Strömungen im Islam und in anderen Religionen, Weltanschauungen und politischen Ideologien sind offensichtlich.

Der Komplementärbegriff zu »Wahrheit« ist nun der der Wahrscheinlichkeit. Ein klassischer islamischer Jurist beanspruchte nicht, in seinem Gutachten die Wahrheit, sondern nur eine mit guten Gründen fundierte wahrscheinlich richtige Lösung gefunden zu haben. Auch Parlamente demokratisch verfasster Staaten verkünden keine Wahrheit, sondern suchen lediglich die aller Wahrscheinlichkeit nach angemessenste Lösung.

Wenn es nur eine einzige Wahrheit gibt, dann muss diese auch überzeitlich gültig sein. Hat man zu bestimmten Zeiten bestimmte Dinge anders gesehen und anders interpretiert, können diese Sichtweisen und Interpretationen nur falsch sein, weil es anderenfalls ja mehrere Wahrheiten geben müsste. Das zweite grundlegende Merkmal des Fundamentalismus besteht also in der Ablehnung der Geschichte. Auch Calvins »Organisationsplan einer christlichen Gemeinschaft trat mit dem ehernen Anspruch auf, nichts neu zu schaffen, sondern alles aus den ältesten und reinsten Vorbildern zu schöpfen. Was nicht von den Aposteln und ihren direkten Nachfolgern vorgelebt worden war, hatte keine Daseinsberechtigung«. Dies gilt, ersetzt man die Apostel durch den Propheten Muhammad, ebenso für den salafistischen Islam. Deshalb ist es auch lächerlich, fundamentalistische Strömungen immer wieder zu bezichtigen, sie wollten zurück ins »Mittelalter«. Zum einen ging es in jener Zeit, für die sich der ohnehin nicht sonderlich sinnvolle Begriff »Mittelalter« eingebürgert hat, meist gar nicht so fundamentalistisch zu. Zum anderen lehnen Fundamentalisten gerade die geschichtliche Entwicklung ihrer Religion mit ihren vielfältigen Auslegungstraditionen und ihrem allmählich entstandenen theologischen Überbau auf das Heftigste ab. Es zählt allein jene Anfangszeit, in der der Wille Gottes bzw. des Religionsstifters noch vermeintlich rein und unverfälscht erkannt und umgesetzt wurde.

Dies führt zum dritten prägenden Wesenszug, dem der Reinheit, der sich vielfältig mit dem der Eindeutigkeit überschneidet. Nur dann, wenn etwas rein ist, kann es eindeutig sein. Sobald etwas anderes, Fremdartiges dazukommt, werden Erklärungen nötig. Ist jenes unreine Etwas noch dasselbe Etwas, das es als Reines sein würde? Wie verhält sich das Reine zu jenem, das hinzutritt? Hat jenes Hinzutretende eine eigene Bedeutung oder modifiziert es die Bedeutung des ursprünglich Reinen? Und selbst dann, wenn es dies nicht tun sollte, müsste es dennoch einer Interpretation unterzogen werden, und damit ist das Ursprüngliche zwangsläufig nicht mehr eindeutig. Alles, was interpretiert und gedeutet werden muss, ist nicht mehr rein.

Dieser Reinheitsgedanke findet sich schon bei dem Prediger Farel, der die wahre Religion von allen Zutaten, die sich nicht aus der Schrift ergeben, reinigen wollte. Calvin wollte entsprechend auch Genf reinigen, indem alle Menschen, die falsche Meinungen haben, aus Genf exiliert oder gar, wie Miguel Servet, »ein wandelnder Ansteckungsherd«, auf dem Scheiterhaufen verbrannt werden. *Wahrheitsobsession*, *Geschichtsverneinung* und *Reinheitsstreben* sind also drei Wesenszüge bzw. Grundbegriffe von Ambiguitätsintoleranz, die die Basis jedes Fundamentalismus bilden. Dies ist der fundamentalistische Pol der Ambiguitätsintoleranz. Alles ist eindeutig, entweder ganz richtig oder ganz falsch, und es ist ewig gültig.

Es gibt prinzipiell nur zwei Möglichkeiten, der Ambiguität zu entgehen. Entweder existiert Ambiguität dann nicht, wenn etwas (1) nur genau eine einzige Bedeutung hat, oder dann, wenn es (2) gar keine Bedeutung hat. Diesen zweiten Pol nenne ich den der Gleichgültigkeit. Das Wort weckt mehrere Assoziationen: Wenn etwas keine Bedeutung (im Sinne von englisch *meaning*) hat, dann sind alle Interpretationen gleich gültig. Wenn alle Bedeutungen gleich gültig sind, verliert die

Sache insgesamt an Bedeutung (im Sinne von *importance*) und kann gleichgültigen Herzens oder allenfalls mit oberflächlicher Schaulust betrachtet werden.

Meine These lautet nun, dass unsere Zeit eine Zeit geringer Ambiguitätstoleranz ist. In vielen Lebensbereichen – nicht nur in der Religion – erscheinen deshalb Angebote als attraktiv, die Erlösung von der unhintergehbaren Ambiguität der Welt versprechen. Diese gelten ihren Anhängern und Jüngern als besonders zeitgemäß und fortschrittlich und haben vielfach die Diskurshoheit in ihrem jeweiligen Feld erobert. Demgegenüber wird Vielfalt, Komplexität und Pluralität häufig nicht mehr als Bereicherung empfunden. Diese Entwicklung führt zu dem, was im Titel dieses Essays als *Vereindeutigung der Welt* bezeichnet wird: ein Weniger an Bedeutungen, an Ambiguität und an Vielfalt in allen Lebensbereichen. In den folgenden Abschnitten wird es darum gehen, zu zeigen, wie sich diese Sichtweise auf die Welt mit ihren Polen des Fundamentalismus und der Gleichgültigkeit in der Religion, in Kunst und Musik sowie in der Politik immer weiter ausbreitet. Diese Überlegungen auf weitere Lebensbereiche zu übertragen, etwa von der zunehmend identitären Esskultur über Lebensstil und Mode bis hin zu Literatur und Wissenschaft, sei dem Leser überlassen.

4 Religionen zwischen Fundamentalismus und Gleichgültigkeit

Das Deutsche Theater Berlin hat die Spielzeit 2015/16 unter das Motto »Der leere Himmel« gestellt. Aber wie leer ist der Himmel wirklich? Und vorausgesetzt, dass der Himmel leer ist: Warum sind dann unsere Medien voll mit Beiträgen zum Thema Religion?

Tatsächlich sind die Befunde widersprüchlich. Das Interesse an Religion ist ohne Zweifel groß. Kann man jedoch deshalb schon auf eine *Wiederkehr der Götter* schließen (so ein Buchtitel von Friedrich Wilhelm Graf)? Religionssoziologen wie Detlef Pollack sehen im Gegenteil einen sehr deutlichen Trend in Richtung einer generellen Abnahme der Bedeutung von Religion. Aber auch hier stellt sich die Frage: Ist dies ein Prozess, der sich langfristig fortsetzen und am Ende gar zum Verschwinden gelebter Religion führen wird?

Auffällig sind immerhin die großen lokalen Unterschiede, sogar innerhalb Deutschlands. Während in Berlin, der Hauptstadt des Atheismus, nur noch 30 Prozent der Bevölkerung einer der beiden Großkirchen angehören, sind es in Münster noch 70 Prozent – allerdings auch hier mit abnehmender Tendenz. Weltweit betrachtet ist die Entwicklung der verschiedenen Religionskulturen gar nicht so sehr unterschiedlich. Selbst in den USA, die oft als Gegenbeispiel angeführt werden, nehmen religiöse Bindungen vielfach ab, während andererseits gleichzeitig fundamentalistische Strömungen erstarken.

Auch wenn es auf den ersten Blick anders aussieht, verhält es sich im Falle des Islams nicht grundsätzlich anders. Einerseits blieb und bleibt die traditionelle Religiosität weiterhin stark, doch ließ sich seit den 1950er Jahren im urbanen Raum auch hier eine Säkularisierungstendenz beobachten, und zwar gleichermaßen in Tunis, Kairo und Herat, und in Sarajewo sowieso. Dieser Tendenz gaben jedoch politische Entwicklungen eine andere Richtung.

Und an dieser ist eine interessante Beobachtung zu machen: Überall dort nämlich, wo Religion zur politischen Identitätsbildung beiträgt, bleibt sie stark. Das ist der Grund, weshalb die Polen, anders als die Ostdeutschen, unter kommunistischer Herrschaft nicht zu Atheisten wurden. Der Katholizismus war in Polen ja seit Jahrhunderten das nationale Abgrenzungsmerkmal gegenüber den russischen Orthodoxen und den deutschen Protestanten. In der DDR hatte der Protestantismus eine solche Funktion nicht. Im heutigen Russland wiederum ist die Orthodoxie zum wichtigen nationalen Identitätsmerkmal geworden. Deshalb steht die ganze Nation hinter der Kirche, was aber noch lange nicht heißt, dass die Menschen beten und den Gottesdienst besuchen. In Russland geht es eher um Politik und Nation als um Religion und Glauben: »Es zeigt sich hier wie an anderen Orten«, so die Soziologen Pollack und Rosta, »dass in der Vermischung von religiösen mit anderen, mit politischen, nationalen oder moralischen Funktionen eine wesentliche Grundlage für Bedeutungsgewinne des Religiösen liegt.«

In islamischen Ländern lässt sich Ähnliches beobachten. Nehmen wir Iran, wo die sogenannte »Reislamisierung« anfing. Die islamische Revolution von 1979 ging einher mit einem Erstarken religiöser Identität und führte zum Sturz der säkularen Schah-Diktatur. Heute ist Iran eine »Islamische Republik«, aber die Menschen haben das Gefühl, gegängelt und bevormundet zu werden. Deshalb erbringt in Iran eine islamische Identität keinen politischen Mehrwert mehr. Ganz im Gegenteil fällt das religiöse Regime den Menschen, vor allem der Jugend, zunehmend auf die Nerven. Entsprechend ist Iran heute in der Region wohl dasjenige Land mit der am stärksten säkularisierten, an Religion am wenigsten interessierten Bevölkerung. In anderen islamischen Ländern bietet Religion aber nach wie vor ein großes Identitätspotential mit politischer Stoßrichtung gegen westlich orientierte Diktatoren oder westliche Invasoren, zumal mit dem Versprechen, gegen Korruption und für mehr soziale Gerechtigkeit einzutreten. Dementsprechend blüht der politische Islam, und verschiedene fundamentalistische Strömungen finden regen Zulauf.

Politischer Islam und Fundamentalismus sind wesenhaft etwas anders als eine traditionell gelebte Religiosität. Das Beunruhigende ist nun, dass einerseits traditionelle Religiosität eher abnimmt, während fundamentalistische und politisierte Formen der Religion vielfach zunehmen, und dies oft gerade dort, wo die traditionelle Religiosität zurückgeht. Diese Entwicklung geht über die Religionsgrenzen hinweg und betrifft auch das Christentum (man denke etwa an evangelikale Kirchen in den USA und in Brasilien) ebenso wie den irrtümlich als Friedensreligion schlechthin betrachteten Buddhismus, wie man an den Pogromen an Tamilen in Sri Lanka und an muslimischen Rohingya in Birma/Myanmar sehen kann. In Indien stellen die Hindu-Nationalisten seit 2014 den Premierminister, und Inder zu sein bedeutet Hindu zu sein. »So wird das Indisch Sein aller Nicht-Hindus infrage gestellt und sie werden zu Bürgern zweiter Klasse degradiert.« Der Islam bildet also nur scheinbar einen Einzelfall, eine Ausnahme. Unübersehbar ist eine Tendenz zu weniger traditioneller Religion, die entweder religiöser Gleichgültigkeit oder religiösem Fundamentalismus weicht, in letzterem Fall oft einhergehend mit einer Politisierung der Religion.

Es ist naheliegend, dass beide Entwicklungen nicht voneinander unabhängig, sondern gleichermaßen Resultate einer abnehmenden Ambiguitätstoleranz in modernen Gesellschaften sind. Eine relativ hohe Ambiguitätstoleranz bildet allerdings eine unabdingbare Voraussetzung für das Gedeihen von Religion, und zwar aus zwei Gründen:

Der erste Grund beruht auf der Notwendigkeit, Transzendenz als solche zu akzeptieren. Religion beruht auf dem Glauben an etwas, das über das rational Erkennbare hinausgeht, im Wortsinne es überschreitet bzw. transzendiert, den Glauben also an etwas, das größer und anders ist als wir. Und weil das so ist, ist es auch nicht restlos ausdeutbar. Wie sehr sich auch die klügsten Theologen und Religionsgelehrten bemühen, das Transzendente in Begriffe zu fassen, bleibt doch immer ein Rest an Vagheit, Unbestimmtheit und Mehrdeutigkeit, also: an Ambiguität. Es ist klar, dass in Gesellschaften mit geringer Ambiguitätstoleranz der Boden für Religion schlecht bestellt ist, es sei denn, sie tritt in einer fundamentalistischen Ausprägung auf, die Eindeutigkeit vorgaukelt.

Das bedeutet aber nicht, dass in solchen Gesellschaften Religion von selbst verschwindet. Evolutionsbiologen vermuten, dass sich Religion im Laufe der Evolution als vorteilhaft erwiesen und deshalb allgemein durchgesetzt hat. Ihr wichtigster Vorteil liegt in ihrer gemeinschaftsbildenden Kraft, die sich schon in der Megalithkultur von Göbekli Tepe deutlich zeigte. An diesem Ort in Südostanatolien wurden Steinkreisanlagen ausgegraben, die religiösen Zwecken dienten und bis ins 10. Jahrtausend vor Christus zurückreichen, in eine Zeit, als die Menschen weder sesshaft waren noch Viehzucht und Ackerbau kannten. Religion scheint sich mithin nicht als Luxusprodukt des sesshaft gewordenen Menschen entwickelt zu haben, sondern umgekehrt zu gemeinschaftlichem Handeln motiviert zu haben und damit eine Voraussetzung für Sesshaftigkeit gewesen zu sein. Falls nun Religion wegen ihrer Ambiguitätshaltigkeit gemieden wird, bleiben doch jene evolutionär verankerten Antriebe, die Religion ermöglichten und die postreligiös anderweitig kompensiert werden müssen. Wenn dies auf ambiguitätsintolerante Weise geschieht (was ja nicht zwangsläufig der Fall sein muss), gerät das Resultat nicht menschenfreundlich.

Der zweite Aspekt, warum Ambiguitätstoleranz für das Gedeihen von Religion erforderlich ist, besteht in der Tatsache, dass Religion zuerst und vor allem Kommunikation ist. Zunächst konstituiert sich Religion in der Kommunikation zwischen Menschen. Zu dieser sozusagen horizontalen Dimension kommt in Offenbarungsreligionen noch eine vertikale Dimension hinzu. In diesen Religionen geht man davon aus, dass das Göttliche, das eigentlich ganz Andere, sich den Menschen mitteilt, also mit ihnen kommuniziert. Diese Kommunikation findet nicht immer und überall statt, sondern in bestimmten historischen Kontexten, wo sie dann ihren Niederschlag in schriftlicher Form findet. Damit meine ich nicht nur die heiligen Schriften wie Tora, Evangelium und Koran, sondern auch die Überlieferungen über die Urgemeinde, das Leben des Religionsstifters und die Schriften der frühen und deshalb besonders autoritätsträchtigen Kirchenväter, Tora- und Islamgelehrten und dergleichen mehr.

Alle diese Texte weisen eben jenes Merkmal auf, das allen komplexen Texten eigen ist: Ambiguität. Da es sich zumeist um ziemlich komplexe Texte handelt, die noch dazu über ein besonders ambiguitätshaltiges Feld wie Religion und Glauben sprechen, weisen sie sogar ein besonders hohes Maß an Ambiguität auf, vergleichbar allenfalls mit literarischen Texten. Auch bei diesen Texten wird der Umgang mit ihnen also sehr stark davon abhängen, wie ambiguitätstolerant die Leser und Hörer dieser Texte sind.

Am Beispiel des Islams lässt sich dies gut zeigen, weil ein Wandel von einer relativ großen zu einer extrem geringen Ambiguitätstoleranz hier besonders ins Auge sticht. Bis an die Schwelle der Moderne zeichnen sich islamische Gesellschaften (nicht immer und überall, aber doch im Großen und Ganzen) durch eine beeindruckend große Ambiguitätstoleranz aus: So ist etwa der Koran ein Text, der mit vielen Textvarianten überliefert wird. Man hätte nun versuchen können, einen einzigen, einheitlichen und variantenlosen Text herzustellen und als einzig gültigen, autoritativen Text durchzusetzen. Das hat man jedoch nicht getan. Alle existierenden Varianten, die ja unterschiedlich gut überliefert sind, als gleichermaßen gültig zu erklären, war jedoch undenkbar. Das hätte jeden konstruktiven Umgang mit dem Korantext unmöglich gemacht. Man wählte also einen Mittelweg, wie immer der sinnvollste Ansatz für die Lösung des Problems, wie man mit Ambiguität umgehen soll: Für die Liturgie und die Rechtsauslegung sollten lediglich die sieben oder auch zehn besten Überlieferungen herangezogen werden, Koranforscher sollten aber auch die nicht so guten Überlieferungen bewahren und kommentieren. Also wurde nicht eine einzige Lesart erarbeitet, auch nicht ein unüberschaubares Lesartenchaos, sondern eine mittlere Lösung, in der Ambiguität bewahrt wird, der Text aber nicht vor lauter Ambiguität bedeutungslos wird.

Ähnliches lässt sich bei der Auslegung des Korans, bei der Koranexegese, beobachten. Klassische Islamgelehrte waren stolz darauf, zu vielen Koranversen mehrere Auslegungen zu kennen, ohne sich auf eine von diesen festzulegen. Sie rechneten durchaus mit der Möglichkeit, dass auch mehrere richtig sein könnten. Fanden sie selbst eine eigene, neue Deutung, wollten sie durch diese nur die bisherigen Deutungen ergänzen, nicht ersetzen. Heutige Korankommentatoren glauben jedoch meist, und zwar unabhängig davon, ob sie sich dem fundamentalistischen oder dem liberalen Lager zurechnen, dass Gott nicht anders als eindeutig sprechen und jeder Vers somit nur eine einzige Bedeutung haben kann.

Die Juristen der klassischen Zeit, also etwa bis in die zweite Hälfte des 19. Jahrhunderts, waren ebenso der Überzeugung, dass Gottes Gesetz (die Scharia) nicht eindeutig erkennbar ist. Deshalb hat man sich im Strafrecht (das im islamischen Recht überhaupt eines der am wenigsten ausgearbeiteten Rechtsgebiete ist) auch bemüht, drastische Leibstrafen zu vermeiden. In über 1000 Jahren vor dem späten 20. Jahrhundert gab es so gut wie keine Steinigung von Ehebrechern und schon gar keine Hinrichtungen wegen einvernehmlicher gleichgeschlechtlicher sexueller Handlungen. Wenn Taliban, al-Qa'ida und IS heute solche Hinrichtungen geradezu zu ihrem Markenzeichen machen, ist das kein »Zurück ins Mittelalter«, sondern umgekehrt die Neuerfindung einer modernen, totalitären Islamideologie.

Was wir heute erleben, lässt sich, um einen Ausdruck des Kunsthistorikers Hans Sedlmayer zu gebrauchen, als Verlust der Mitte bezeichnen, und dies ist schlicht das Resultat eines drastischen Verlusts an Ambiguitätstoleranz. Dieser Prozess setzt im Islam während des 19. Jahrhunderts ein, als islamische Gesellschaften mit dem wirtschaftlich und militärisch überlegenen Westen konfrontiert und dadurch in die Enge getrieben wurden. Fühlt man sich aber in die Enge getrieben, sucht man nach einfachen und klaren Antworten, und so wird auch die Luft für Ambiguitätstoleranz dünn. Diese Konfrontation zwischen dem Westen und islamischen Gesellschaften geschah gerade zu einem Zeitpunkt, an dem die Ambiguitätstoleranz im Westen einen ihrer Tiefpunkte erreicht hatte. Die zweite Hälfte des 19. Jahrhunderts brachte all jene vollständig ambiguitätsintoleranten Ideologien hervor, die schließlich das 20. Jahrhundert zum blutigsten der Weltgeschichte werden ließen.

Es lässt sich damit allgemein feststellen: Wenn Ambiguitätstoleranz schwindet, dann verliert die Religion ihre Mitte, also den durch Zweifel domestizierten Glauben an etwas

Transzendentes im Bewusstsein, dass Glauben kein sicheres Wissen vermittelt. Und dann verliert Religion auch die Gewissheit, dass religiöse Texte interpretiert werden müssen, um Antworten zu finden, die aber immer nur Wahrscheinlichkeit und vorübergehende Gültigkeit für sich beanspruchen können, nie jedoch absolute Wahrheit.

Was bleibt nun übrig, wenn die Ambiguitätstoleranz schwindet? Als Erstes wird alles, was nicht eindeutig erscheint, alles Ambiguitätsgesättigte, alles, dessen Grenzen schwer zu umreißen sind, alles, was sich nicht in Zahlen umsetzen lässt, abgewertet. Ambiges scheint weniger wichtig zu sein. Dagegen erfährt alles, was klare, eindeutige Wahrheiten oder wenigstens exakte Zahlen hervorbringt oder hervorzubringen scheint, eine Steigerung des Ansehens. Da sich damit aber weniger gut gesellschaftlicher Zusammenhalt stiften lässt, übernimmt eine andere Instanz die Macht, nämlich der Markt, der über die magische Fähigkeit verfügt, allem und jedem einen exakten Wert bis auf viele Stellen hinter dem Komma zuzuordnen. Vielleicht lässt diese magische Entambiguisierungsfähigkeit verbunden mit der Furcht, sich auf ambigere Lebensleitbilder einzustellen, vielen den radikalen Marktkapitalismus, trotz all seiner Zumutungen, als alternativlos erscheinen.

Für die Religion bedeutet dies zweierlei. Zum einen: Wenn das, was nicht eindeutig ist, nicht so wichtig ist, dann wird es eher gleichgültig. Kein Wunder also, dass religiöse Gleichgültigkeit heute in westlichen Gesellschaften die vielleicht verbreitetste Form von Religiosität darstellt. Ambiguität, die der Gewinnung letztendlicher Gewissheit entgegensteht, wird zum Anstoß und zum Anlass, sich lieber zurückzuziehen. Dieser Rückzug endet entweder in Gleichgültigkeit (Menschen, die aus der Kirche austreten oder keiner Religionsgemeinschaft angehören, werden ja in den seltensten Fällen gleich zu überzeugten Atheisten), kippt aber manchmal auch in Fundamentalismus um, wie man an Atheismusfundamentalisten wie Richard Dawkins und Sam Harris sehen kann.

So kommen wir zur anderen, der Gleichgültigkeit komplementären Seite, nämlich dem Fundamentalismus. Beide Seiten sind ambiguitätsfeindlich. Der Gleichgültige erkennt Ambiguität (oder wittert sie zumindest, ohne es sich bewusst zu machen) und wendet sich deshalb vom ambiguitätshaltigen Phänomen ab. Der andere, der Fundamentalist, leugnet demgegenüber einfach, dass es Ambiguität gibt. Da es sie aber trotzdem gibt, braucht er in diesem Falle irgendeine religiöse oder politische Autorität, die die richtige Deutung, die einzig richtige Deutung, kennt. Man braucht einen Führer, ein Zentralkomitee, einen selbsternannten Kalifen.

Der islamische Salafismus funktioniert genau nach diesem Prinzip. Führer gewinnen wie auch immer Autorität, geben ihre eigenen Interpretationen als die einzig richtigen aus und erklären alle, die ihnen nicht folgen, zu Abtrünnigen und Ketzern. Galt im klassischen Islam die Devise: »Meinungsverschiedenheiten sind eine Gnade für die Gemeinde« (ein dem Propheten Muhammad zugeschriebener Ausspruch), gelten Meinungsverschiedenheiten nun als Zeichen von Irrtum und Verstocktheit.

Bei den islamistischen Autoritäten handelt es sich häufig nicht um studierte Islamgelehrte, sondern vielfach um religiöse Laien, die von Haus aus Naturwissenschaftler, Mediziner oder Ingenieure sind. Gerade Ingenieure sind unter islamistischen Gewalttätern mit 45 Prozent überproportional vertreten, so der Journalist Jürgen Kaube. Als eine der Ursachen wird ausdrücklich deren Intoleranz gegenüber Zweideutigkeiten genannt, also die Ambiguitätsintoleranz, wie sie die Arbeit von Ingenieuren nun einmal unvermeidlicherweise kennzeichnet.

Ein erstes Zwischenfazit: Religiöser Fundamentalismus und religiöse Gleichgültigkeit hängen in der Tat eng miteinander zusammen. Sie sind Resultat einer schwindenden Ambiguitätstoleranz in durchbürokratisierten, hochtechnisierten und vor allem kapitalistischen Gesellschaften. Traditionelle Religiosität erscheint hier zunehmend entbehrlich und unattraktiv. Wären islamische Gesellschaften freier und würden sie seltener Objekt militärischer Aggressionen von außen, würde sich auch hier eine Entwicklung in Richtung »Gleichgültigkeit« einstellen, immerhin die einstweilen begrüßenswertere Option. Leider bedeutet dies aber auch schlechte Zeiten für spirituelle, innerlichkeitsbetonte oder mystische religiöse Strömungen wie etwa den islamischen Sufismus, der nicht zufällig (neben dem schiitischen Islam) der Hauptfeind der Salafisten ist. So machen Muslime heute eher durch die Zerstörung von Kulturgütern als durch die Hervorbringung von beeindruckender religiöser Literatur und Kunst auf sich aufmerksam, wie dies tausend Jahre lang der Fall gewesen war.

5 Kunst und Musik auf der Suche nach dem Eindeutigen

Kunst kann nicht exakt definiert werden. Niemand kann und soll angeben können, wo Kunst anfängt und wo sie aufhört. Moderne Kunsttheorien sehen in der Polyvalenz von Kunstwerken ein zentrales Wesensmerkmal von Kunst. Ein Kunstwerk wird dann angemessen rezipiert, wenn es nicht nach Kriterien wie wahr oder falsch beurteilt, sondern wenn ihm, von jedem Rezipienten unterschiedlich, verschiedene Lesarten und Bewertungen zugeordnet werden, eben gerade aus dem Grund, weil das Kunstwerk ambig ist. Neben dem Bereich der Religion stellt wohl Kunst als Lebensbereich die höchsten Ambiguitätsanforderungen. Unter der Voraussetzung, dass also Kunst für ihr Gedeihen ebenso wie Religion auf Ambiguitätstoleranz angewiesen ist: Teilt sie dann auch das Schicksal der Religion?

Autoren wie Christoph Bode und Umberto Eco widersprechen dem. Für sie zeichnet sich moderne und zeitgenössische Kunst gerade durch ihre besonders stark ausgeprägte Ambiguität aus. Ambiguität sei geradezu das »Paradigma der Moderne«. Wären Kunst, Literatur und Musik mithin Rückzugsgebiete für Ambiguität in einer ambiguitätsfeindlichen Zeit? Für einzelne Künstler mag dies zutreffen, doch ist es höchst unwahrscheinlich, dass es in Gesellschaften, in denen eine bestimmte Mentalität vorherrscht, einzelne Lebensbereiche geben sollte, die sich von so starken Strömungen freihalten könnten. Wenn wir heute in einer Zeit geringer Ambiguitätstoleranz leben, wäre es sehr erstaunlich, dass sich ausgerechnet Kunst, Literatur und Musik durch eine Ambiguitätstoleranz nie gekannten Ausmaßes auszeichnen sollten. Tatsächlich scheint dies auch nicht der Fall zu sein. Vielmehr scheinen sich Kunst, Musik und Literatur vorwiegend nahe dem fundamentalistischen Pol markierter ambiguitätsfreier Eindeutigkeit einerseits und dem Gleichgültigkeitspol andererseits zu bewegen, der entweder durch Bedeutungslosigkeit oder durch eine allzu belanglose Eindeutigkeit erreicht wird. Damit ergeht es Kunst und Musik nicht anders als Religion und Politik.

Der Beginn der Moderne in der Musik lässt sich nicht mit einer Ambiguitätssteigerung in Verbindung bringen. Tatsächlich fand eine solche Ambiguitätssteigerung noch während des ganzen 19. Jahrhunderts statt, jenem janusgesichtigen Jahrhundert, in dem gerade noch – zumindest theoretisch – Laien Kardinäle werden konnten und Korankommentare vielfältige Bedeutungen der Verse verzeichneten. Diese Zeit der Widersprüche brachte in Europa gleichzeitig eine Vielzahl an Ideologien hervor, die vorgaben, die Welt eindeutiger als bisher erklären und den Menschen die einzig erstrebenswerte Zukunft vorzeichnen zu können. Durch den Kolonialismus und die europäische militärische und wirtschaftliche Überlegenheit verbreitete sich diese Weltdeutung auch global.

Noch aber gab es Gegenbewegungen. Das gebildete Bürgertum der zweiten Hälfte des 19. Jahrhunderts reagierte sensibel auf die Widersprüchlichkeit zwischen Ideologie, Technisierung, Industrialisierung und Bürokratisierung einerseits und einer Schwärmerei für Natur, Tradition und politische Freiheit andererseits. Eine verhärtete ambiguitätsintolerante Mentalität hatte sich nicht in allen Bereichen durchgesetzt, vielmehr verzauberten noch Romantiker die Welt mit ihren Bildern, ihren Gedichten und ihrer Musik. Europäische Kunstmusik wurde zu dieser Zeit immer komplexer und ambiguitätshaltiger. Schließlich machte der Tristan-Akkord in Wagners 1865 uraufgeführtem Musikdrama Furore, der zum meistdiskutierten Akkord der Musikgeschichte überhaupt wurde. Dieser Akkord aus den Tönen f-h-dis-gis, der sich durch die ganze Oper zieht, ist nicht mehr unter den Vorgaben Dur-moll-tonaler Harmonielehre eindeutig analysierbar. Offensichtlich stellt der Tristan-Akkord also einen Idealfall von extrem komplexer Ambiguität dar: Er bietet überschüssige, aber nicht unendliche und bedeutungsvernichtende Mehrdeutigkeit, die sich rational analysieren lässt, ohne je zu einem eindeutigen Ergebnis zu führen. Die meisten Komponisten ließen sich vom Tristan-Akkord nicht abschrecken, sondern schufen bis weit ins 20. Jahrhundert hinein Meisterwerke in einem ambiguitätsreichen Stil, der heute oft mit abwertendem Beigeschmack »spätromantisch« genannt wird.

Doch die Zeit der Unentschiedenheit, wie man die Jahrhundertwende vom 19. zum 20. Jahrhundert nennen könnte, neigte sich ihrem Ende zu. Mit dem 1925 uraufgeführten *Wozzeck* schuf Alban Berg ein Meisterwerk, dessen freie Atonalität für die musikalische Seite (nicht für das Werk insgesamt) die Frage aufwirft, ob Ambiguität hier auf das Höchste gesteigert oder weitgehend abgeschafft ist. Diese Frage stellt sich für Arnold Schönbergs *Komposition mit zwölf Tönen* nicht mehr. Die Zwölftontechnik legt fest, dass alle zwölf Töne der chromatischen Skala gleichberechtigt sind und jeder Ton erst dann wieder vorkommen darf, wenn alle anderen elf verwendet worden waren. Jeder Bezug auf die überkommene Tonalität muss dabei so weit wie möglich vermieden werden. Dadurch wird das Werk zwar für den Hörer schwieriger zu erfassen, weist dafür aber in seiner inneren Struktur eine geradezu mathematische Eindeutigkeit auf.

Die serielle Musik, die sich nach dem Zweiten Weltkrieg aufbauend auf Schönbergs Dodekaphonie entwickelte, geht noch darüber hinaus und will nicht nur die Tonhöhen, sondern alle musikalischen Parameter, also auch Tondauer, Tonfarbe und Lautstärke, auf Zahlen- bzw. Proportionsreihen aufbauen und damit jeden Zufall, jede Unbestimmtheit und jede interpretatorische Freiheit ausschließen. Ambiguität gehört gewiss nicht zu den Eigenschaften serieller Musik.

Theodor W. Adorno sah die Bedeutung Schönbergs eben darin, diese Eindeutigkeit in der Musik durchgesetzt zu haben. Die Atonalität bedeutet für ihn »die vollendete Reinigung der Musik von der Konvention«, und »Schönbergs Stücke sind die ersten, in welchen in der Tat nichts anders sein kann: sie sind Protokoll und Konstruktion in einem«. In ihnen sei nichts »von den Konventionen übriggeblieben, welche die Freiheit des Spiels garantierten. Schönberg steht so polemisch zum Spiel wie zum Schein«. Dabei hatte Johan Huizinga 1938 festgestellt, dass »Kultur in Form von Spiel entsteht« und »ohne eine gewisse Behauptung der Spielhaltung Kultur gar nicht möglich ist«. Adorno zitiert dagegen Schönberg, der meinte, die Musik solle »›[...] nicht schmücken, sie soll wahr sein‹ und ›Kunst kommt nicht von Können, sondern von Müssen.‹ Mit der Negation von Schein und Spiel tendiert Musik zur Erkenntnis«.

Das klingt nicht nach Ambiguitätstoleranz. Im Gegenteil: Auf nur einer einzigen Seite gelingt es Adorno, alle drei fundamentalismuskonstitutiven Ausprägungen von Ambiguitätsintoleranz zu versammeln, nämlich die Wahrheitsobsession, die Ablehnung von Konvention und Geschichte sowie das Streben nach Reinheit.

Der fundamentalistische Zug dieser Philosophie zeigt sich auch darin, dass anderen Richtungen ihre Existenzberechtigung abgesprochen wird: »Die Geschichte der neuen Musikbewegung duldet kein ›sinnvolles Nebeneinander der Gegensätze‹ mehr.«

Dieses Verdikt hat sich auf breiter Front durchgesetzt. Neuere Komponisten, die sich den Dogmen der »Neuen Musik« nicht beugen wollten, verloren weitgehend den Zugang zum Podium. Besonders schwer traf das Schicksal Musiker wie Walter

Braunfels, Hans Gál oder Berthold Goldschmidt, die zunächst unter dem NS-Regime wegen ihrer »Rasse« und dann nach dem Krieg wegen ihres »reaktionären« Festhaltens an der Tonalität nicht aufgeführt wurden.

So wenig die Moderne in der Musik eine Bewegung in Richtung größerer Ambiguitätstoleranz darstellte, so wenig war sie dies in der Kunst. »Reinheit« wurde auch hier zum Leitmotiv. Schon für Adolf Loos (1870–1933), den Wegbereiter der modernen Architektur, war Reinheit ein zentrales Thema. In seinem (übrigens ausgesprochen rassistischen) Pamphlet *Ornament und Verbrechen* schreibt Loos 1908: »evolution der kultur ist gleichbedeutend mit dem entfernen des ornamentes aus dem gebrauchsgegenstande [...] bald werden die straßen der städte wie weiße mauern glänzen!« Suprematisten, Futuristen und viele andere Richtungen der Moderne – auch dies ein fundamentalistischer Zug – gingen mit weltanschaulichen Weltverbesserungsideologien einher und produzierten politische Manifeste und Kunstwerke in munterem Wechsel.

Auf dem Weg zur Reinheit wurde es zur Aufgabe, »aus den spezifischen Effekten einer Kunst all jenes herauszufiltern, was eventuell auch von dem Medium einer anderen Kunst – oder an das Medium einer anderen Kunst – entliehen werden könnte«. Auf diese Weise würden »die einzelnen Künste ›gereinigt‹ und können in ihrer ›Reinheit‹ die Garantie für ihre Qualitätsmaßstäbe und ihre Eigenständigkeit finden«, wie Greenberg 1960 »modernistische Malerei« charakterisiert.

Damit wurde ein Zusammenwirken der Künste aber unmöglich: Aus der natürlichen Verschmelzung entwickelt sich »geradezu eine Feindschaft«, so Jürgen Weber. Die einzelnen Künste mussten auf dem Weg zur Reinheit nicht nur voneinander, sondern jeweils selbst von allem möglichen »befreit« werden. So wurde die Architektur vom Ornament, die Kunst insgesamt von der Tradition, die Musik von der Tonalität, die

Dichtung von vermeintlichen Formzwängen, die Farbe von der Form und die Form von der Farbe und natürlich Malerei und Plastik von der Gegenständlichkeit und schließlich auch noch von der Bedeutung »befreit«. Oder, wie Greenberg ausführt: »Die rein bildnerischen oder abstrakten Eigenschaften des Kunstwerks sind die einzig gültigen.«

Damit war auch die Bedeutung aus der Kunst verschwunden. Was blieb, war ein fundamentalistisches Beharren, im Besitz der alleinigen Wahrheit zu sein. So konsolidierte sich in Europa und den USA »der abstrakte Purismus zu einer Schule, einem Dogma, einem Credo«.

In Deutschland fand dieses »Dogma« in der Nachkriegszeit seine ganz eigene Ausprägung. Der Bildhauer Jürgen Weber (1928–2007), während der Naziherrschaft Angehöriger der Bekennenden Kirche, schreibt in seinen Lebenserinnerungen:

> Die Maler und Bildhauer, die als »Entartete« heimlich gearbeitet hatten und sich deswegen nach 1945 nicht zu dem großen »abstrakten Kopfstand« gezwungen sahen, wurden jetzt mit ihren Arbeiten in die Nähe der Nazis gerückt. Die Anpasser unter den Künstlern und Kunsthistorikern der NS-Zeit dagegen waren als Konformisten nun plötzlich zu Verfechtern einer abstrakten Kunst geworden, hatten damit auch ihre braune Vergangenheit abgeschüttelt und wieder das große Wort und jetzt auch ihren Antifaschismus gepachtet – und waren selbstverständlich wieder in der Mehrheit.

Die Parallele zur Musikgeschichte ist offensichtlich.

Auf der Suche nach dem Eindeutigen ist im Verlaufe zahlreicher Reinigungen und Befreiungen die Bedeutung selbst abhandengekommen. Auch Bedeutungslosigkeit ist in gewisser Weise eine Form von Eindeutigkeit, allerdings eine Eindeutigkeit am Pol der Gleichgültigkeit. Ehe diese Seite näher betrachtet wird, soll zunächst noch eine scheinbare Gegenbewegung angesprochen werden, die sich der Bedeutungslosigkeit verweigert und gegen die Gleichgültigkeit ankämpft. Doch da die Dinge im »Zeitalter der Extreme« (Hobsbawm) nun einmal so sind, wie sie sind, ist auch hier nicht auf eine Lösung in der Mitte zu hoffen. Vielmehr landen wir wieder auf dem fundamentalistischen Gegenpol zur Gleichgültigkeit. Und ebenso wie Religion entweder dazu tendiert, der Gleichgültigkeit anheimzufallen, wenn sie nicht durch Politisierung und Ideologisierung einflussreich bleibt oder fundamentalistisch wird, findet Kunst auch dort besondere Beachtung, wo sie sich politisch engagiert gibt, vor allem in Form der politischen Aktionskunst. Größte Aufmerksamkeit hat hier in jüngster Zeit das ›Zentrum für politische Schönheit‹ auf sich ziehen können. Seine Aktionen sind phantasievoll, provokativ und in ihrer Aussage unverkennbar eindeutig. Ein Beispiel: In der Aktion »Erster Europäischer Mauerfall« anlässlich des 25. Jahrestags des Mauerfalls im November 2014 wollte das Zentrum die europäische Außengrenze in Bulgarien einreißen. Auch weiße Kreuze, die zum Gedenken an die an der DDR-Mauer Getöteten angebracht worden waren, wurden abmontiert, um sie an der EU-Außengrenze, wo Flüchtlinge an der Einreise nach Europa gehindert werden, wieder anzubringen Der Plan wurde nicht vollständig umgesetzt, aber die Signalwirkung war groß.

Aktionen wie diese sind sinnvoll und notwendig, auch wenn man über juristische Aspekte und guten Geschmack streiten kann. Problematisch ist es aber, solche Aktionen nicht als politische Aktionen zu bezeichnen, sondern als Kunstaktionen. Philip Ruch, der Initiator, beharrt aber nachdrücklich darauf, dass dies Kunst sei:

> Wir machen Kunst. Nur die Nachrichtenagentur DPA tituliert uns andauernd, wider besseres Wissen und mit einer

gewissen Bösartigkeit, als »Aktivisten«. [...] Wir haben gar keine politischen Ziele. Unser innerstes Anliegen ist: dass diese Gesellschaft sich selbst erkennt.

Das ist kaum eine überzeugende Begründung dafür, warum es eine Kunstaktion und keine politische Aktion ist. Warum sollte es kein politisches Anliegen sein, einer Gesellschaft zur Selbsterkenntnis zu verhelfen? Und hier lauert auch eine Falle. Wenn nämlich alles Kunst ist, was sich als Kunst ausgibt, gilt dies natürlich auch für Aktionen, die ganz andere, gar gegensätzliche politische Ziele verfolgen. So hat ein Teilnehmer einer Pegida-Kundgebung am 12. Oktober 2015 in Dresden einen selbstgebauten hölzernen Galgen in die Höhe gehalten. Angehängte Schilder suggerierten, er sei vorgesehen für die Bundeskanzlerin Angela Merkel und den Wirtschaftsminister Sigmar Gabriel. Dieses Symbol menschenverachtenden Hasses stieß auf so viel Empörung, dass schließlich auch die Dresdner Staatsanwaltschaft Ermittlungen aufgenommen hat. Der Künstler, ein Werkzeughändler aus dem Erzgebirge, rechtfertigte sich damit, sein Werk sei Satire. Wäre es zum Prozess gekommen, hätte sich sein Anwalt auf Kunstfreiheit berufen. Das war aber gar nicht nötig, weil die Staatsanwaltschaft die Ermittlungen mit der Begründung eingestellt hatte: »Nach der gebotenen objektiven Betrachtung erweist sich das Verhalten des Beschuldigten als interpretationsfähig und damit als mehrdeutig.« Es gehört heute offensichtlich nicht mehr viel dazu, als mehrdeutig und damit als Kunst zu gelten.

Unter der Voraussetzung, dass eine »Auswanderung« von Mauerkreuzen Kunst ist, wird es schwer zu begründen, warum der Pegida-Galgen nun keine Kunst sein soll. Politisch-moralische Kriterien könnten hier mehr Differenzierung schaffen. Für die Gegenwartskunst leistet die politische Aktionskunst mit ihrem Anspruch, Kunst zu sein, allerdings einen wichtigen

Dienst. Denn je sinnfreier und abstruser Kunst wird, desto dringender ist sie auf politisierte Ausdrucksweisen angewiesen, um in der Tradition der rebellischen Moderne gesellschaftliche Relevanz beanspruchen zu können und den Nimbus, kritisch und progressiv zu sein, aufrechtzuerhalten. Protestkunst werde damit zu einer »Dienstleistung für den Markt der Siegerkunst, und beide verdanken ihren Status bis heute dem Paradigma der Moderne«, so der Kunsthistoriker Wolfgang Ullrich.

6 Kunst und Musik auf der Suche nach Bedeutungslosigkeit

Ambiguität bedeutet »Mehrdeutigkeit«, »Vieldeutigkeit«, bedeutet also das Potential, viele verschiedene Bedeutungen und Assoziationen zu vermitteln. Da viele Gegenwartskunst so sehr bedeutungsoffen ist, dass sie mit endlos vielen Bedeutungen und Assoziationen verknüpft werden kann, gilt gerade sie als besonders ambiguitätshaltig. Man lasse sich aber von der Bedeutungsarmut neuerer Kunst nicht täuschen. Ambiguität ist, wie wir im Falle der Koranvarianten sahen, ein graduelles Phänomen. Auf der einen Seite steht die ambiguitätslose Eindeutigkeit: Es gibt nur eine einzige richtige Lesart. Auf der anderen Seite steht der im Prinzip unendlich große Bedeutungsüberschuss, der ebenfalls Bedeutung vernichtet. Ein Koranvers mit einer riesigen Anzahl von Varianten und Interpretationsmöglichkeiten, die alle gleichermaßen gültig wären, bedeutet am Ende gar nichts mehr. Endlos viel Bedeutung führt zu Bedeutungslosigkeit. Bedeutungslosigkeit ist ebenso wenig vieldeutig wie nur eine einzige Bedeutung. Ambiguität, die bereichert, findet nur zwischen den Polen Eindeutigkeit und unendlich vielen Bedeutungen statt. Es kommt auf das rechte Maß an.

Jürgen Weber liefert ein anschauliches Beispiel für den Verlust an kommunikativer Relevanz, wenn Kunstwerke keine Bedeutung mehr vermitteln können. Er selbst bekam den Auftrag, der Stadt Salzgitter ein Stadtmonument zu schaffen, das die Geschichte der Stadt aufarbeitet. Sein 1995 enthüllter *Turm der Arbeit* kann als eines seiner Hauptwerke gelten. Die Reliefs zeigen Stationen der Stadtgeschichte, angefangen von ihrer Gründung als »Hermann-Göring-Werke« über Krieg und Zerstörung, die Aufnahme von Flüchtlingen und den Wiederaufbau bis hin zum modernen Standort der Stahlindustrie. Die Sockelreliefs zeigen Szenen aus der NS-Zeit der Stadt: Soldaten treiben Zwangsarbeiter zusammen, KZ-Häftlinge werden vom Sicherheitsdienst als Saboteure gehängt, Frauen der Stadt geben KZ-Häftlingen Brot und werden dafür selbst ins Straflager gebracht. Ein Kunstwerk mit Bedeutungsvielfalt, das aufrüttelt, betroffen macht, zum Nachdenken zwingt.

Die Stadt Salzgitter hat sich mutig ihrer Vergangenheit gestellt. Andere Städte haben dies nicht getan, viel weniger noch Banken und Unternehmen. Daimler-Benz war nun, ähnlich wie die Hermann-Göring-Werke, ein Rüstungswerk, das zahllose nach Deutschland verschleppte Zwangsarbeiter unter unmenschlichen Bedingungen ausbeutete. Auch Daimler konnte und wollte dieses Kapitel nicht länger ignorieren und gab ein Werk in Auftrag, mit dem der Zwangsarbeiter gedacht werden sollte. Das Resultat war eine Skulptur von Bernhard Heiliger, die 1989 auf dem Werksgelände aufgestellt wurde. Aber wie anders fiel das Denkmal in Untertürkheim aus im Vergleich zu dem in Salzgitter! In der abstrakten Skulptur in Untertürkheim weist absolut nichts auf Zwangsarbeit, Ausbeutung und Gewaltherrschaft hin. Weber zeigte sich verärgert und kommentierte: Die Skulptur sei so unverbindlich, dass sie »ebensosehr für ›Harmonie, Technik und Natur‹ stehen kann wie für ›Mord durch Technik‹«. Der Text, mit dem die ›Daimler Art Collection‹ das Werk heute im Internet vorstellt, bestätigt Webers Eindruck vollauf. Bernhard Heiligers Bodenplastik *Tag und Nacht* liefere »ein repräsentatives Beispiel für den Verzicht auf einen geschlossenen plastischen Kern und die Zerlegung der Gesamtform«. Die »Dialektik des Titels« spiegele »sich in einem Miteinander und Gegeneinander von ruhenden und dynamischen Elementen, Linie und Kugel, Anziehung und Abstoßung wieder«. Es existiere auch »eine ergänzte Gedenkplatte, die zur Erinnerung an die Zwangsarbeiter im Zweiten Weltkrieg und zur Erhaltung des Friedens aufruft«. Durch diese werde »die allansichtige Großplastik zum Mahnmal«. Das Kunstwerk an sich bedeutet also überhaupt nichts! Erst eine »ergänzte (!) Gedenkplatte« macht es zu einem Mahnmal für Mord und Zwangsarbeit.

Dass sich ehemalige Zwangsarbeiter durch eine Plastik mit dem Titel *Tag und Nacht* gewürdigt fühlen, ist schwer zu glauben. Dem Konzern ist aber in mehrfacher Hinsicht gedient. Er zeigt seine gesellschaftliche Verantwortung, sein Engagement für die Kunstförderung und seinen Willen, seine eigene Geschichte aufzuarbeiten – Letzteres allerdings nicht gar zu drastisch in einem Kunstwerk, das noch nicht einmal mit seinem nichtssagenden Titel, geschweige denn durch bloße Anschauung irgendeine Bedeutung erkennen lässt. Das aber ist gerade ihr besonderer Vorzug und letztlich der Grund, warum ähnliche Erzeugnisse der Konzern-, Banken- und Versicherungskunst unsere Städte vollstellen: Sie bedeuten nichts, stören und verstören nicht, sind irgendwie nett anzuschauen, wenn man überhaupt noch hinschaut, denn oft werden sie »als Stadtmöblierung mehr übersehen als bewusst gesehen«, so die Kunsthistoriker Christian Saehrendt und Steen T. Kittl. Probiert es eine Bank dann einmal ernsthaft, kann das entsprechend schiefgehen. Die Investitionsbank Berlin (IBB) etwa beauftragte den für seine wunderbar satirischen gegenständlichen Plastiken berühmten Bildhauer Peter Lenk, ein Werk für die IBB zu schaffen. Ergebnis war die witzige und ästhetisch brillante Plastik *Karriereleiter*. Sie zeigt drei Manager, die sich im mörderischen Aufstiegskampf auf der Leiter balgen. 2007 wurde sie aufgestellt, im »Herbst 2012 verschwand sie über Nacht und ohne Wissen des Künstlers und wurde später auf einem […] Schrottplatz gesichtet. Der Pressesprecher der Bank teilte mit, das Kunstwerk sei demontiert worden, ›weil wir es nicht als Visitenkarte der IBB sehen, und es nicht unserem Leitbild entspricht‹«.

Bedeutungsarme Kunst wurde sogar zur Waffe im Kalten Krieg. Die Sowjetunion war ein totalitärer Staat, der auf eine bestimmte Ideologie gegründet war. Ideologie braucht Eindeutigkeit. Kunst der Eindeutigkeit lieferte der Sozialistische Realismus, der konsequenterweise zur offiziellen Kunst des Ostblocks während der Stalinzeit wurde. Dem wollten die USA etwas entgegensetzen, um die intellektuelle Freiheit, die überbordende Kreativität und den vor Provokationen nicht zurückschreckenden Fortschrittsgeist der kapitalistischen Welt zu demonstrieren. Die ›Central Intelligence Agency‹ nahm sich der Sache an. 1950 wurde der ›Congress for Cultural Freedom‹ gegründet, der von der CIA finanziert und gesteuert wurde. Die Kunstrichtung, für die sich die CIA entschied, war der Abstrakte Expressionismus, vertreten durch Künstler wie Jackson Pollock und Mark Rothko. Die Wahl der CIA war überaus geschickt: Abstraktes wurde von den Amerikanern bisher weitgehend abgelehnt. Der Abstrakte Expressionismus konnte mithin als provokativ und progressiv gelten. Er überschritt Grenzen, musste also wohl liberal sein. Dass er dadurch gar nicht zum Klima der McCarthy-Ära zu passen schien und dass die Künstler (die von dieser unheimlichen Förderung nichts wussten) Liberale und Linke waren, machte die Kampagne umso glaubhafter. So organisierte und finanzierte die CIA Ausstellung um Ausstellung, nahm Einfluss auf Museen und lancierte Zeitschriftenartikel, um dem Abstrakten Expressionismus zum Durchbruch zu verhelfen. Am passendsten war, dass mit dem Abstrakten Expressionismus eine Kunstrichtung gefunden war, die zwar als progressiv und kritisch galt, weil sie auf Widerspruch stieß, deren Kunstwerke jedoch als solche nichts bedeuteten. Anders als im nichtabstrakten Expressionismus mit seinen oft hochemotionalen und gesellschaftskritischen Sujets entstanden jetzt völlig kapitalismuskompatible bunte Bilder, deren Bedeutung letztlich nur durch ihren allmählich ins Grenzenlose steigenden Marktwert bestimmt wurde.

Oft erheben diese Kunstwerke immerhin den Anspruch, über eine bestimmte ästhetische Dimension zu verfügen, mithin schön zu sein, d. h. Schönheit ohne Bedeutung zu liefern, also Kunstwerke zu sein, deren Bedeutung der Betrachter durch seine Rezeption der Schönheit des Kunstwerks diesem Kunstwerk selbst individuell zuerkennt. Durch eine solche sehr große, aber noch nicht unendlich große Ambiguität zeichnen sich die besten Werke abstrakter Kunst aus. Aber auch Schönheit ist ambig. Schönheit ist ebenso wenig mit mathematischer Präzision zu definieren wie Kunst. Doch herrscht in einer ambiguitätsintoleranten Gesellschaft die Tendenz, Phänomene, die sich nicht mit letzter Exaktheit erkennen lassen, als unwichtig zu betrachten oder ganz fallenzulassen. Weniger naheliegend ist es, gerade in ihrer Dunkelheit oder Opakheit, ihren fließenden Grenzen einen besonderen Reiz zu erkennen. Nicht überraschend also, dass das Schicksal der Schönheit in der Spätmoderne wiederum darauf hinausläuft, in der Ambiguitätsvermeidung zerrieben zu werden. Auf diese Weise wurde die Kunst schließlich auch noch von der Schönheit befreit und der Begriff der Schönheit gar zum Un-Begriff, von der Schätzung handwerklicher Fertigkeiten des Gestaltens gar nicht zu reden. Nachdem die Avantgarde Schönheit als Kriterium Schritt für Schritt verfemt und eliminiert hat, erklärt sich die Kunst in Sachen Schönheit heute für weitgehend unzuständig. Dennoch – und wieder stehen sich Extreme ohne Mitte gegenüber – ist (zumindest eine bestimmte Form von) Schönheit in der spätkapitalistischen Konsumkultur Kult geworden. Makellose Schönheit, oder besser gesagt: *beauty*, ist hier omnipräsent, nicht nur als Gegenüber, sondern auch als Modell zur Selbstoptimierung. Dies ist jedoch eine spezielle Form der Schönheit, nämlich eine »Ästhetik der Glätte«, wie

Byung-Chul Han dies nennt. »Das Glatte«, so Han, sei »die Signatur der Gegenwart.« Es verbinde »die Skulpturen von Jeff Koons, iPhone und Brazilian Waxing miteinander«. Solche reine, solche glatte Schönheit ist aber nicht schön. Sie bedarf der Brechung: »Statt das Erhabene dem Schönen entgegenzusetzen, gilt es, dem Schönen die nicht zu verinnerlichende, entsubjektivierende Erhabenheit zurückzugeben.«

Byung-Chul Hans auf Schiller bzw. letztendlich auf Kant zurückgehendes Begriffspaar des »Schönen« und »Erhabenen« erinnert an das von dem Theologen und Religionswissenschaftler Rudolf Otto geprägte Begriffspaar *tremendum et fascinans,* »das Erschütternde und das Hinreißende«, das, so Otto, den Kern der Religion ausmacht. Beide, Religion und Schönheit, können nur im ambigen Reich zwischen beiden Polen überleben und werden durch ein Streben nach absoluter Reinheit letztendlich zerstört. Viele Vertreter einer die Moderne überwindenden »Gegenwartskunst« streben entweder mit fundamentalistischem Eifer danach, die Schönheit aus der Kunst zu eliminieren, oder sie versuchen, eine makellose »glatte« Schönheit zu schaffen. Ihr Unterfangen würde weitgehend auf Gleichgültigkeit stoßen, würde nicht auch hier die Magie des kapitalistischen Markts wirken.

Wie sonst könnte sich auch eine Kunst, die letztlich alle Maßstäbe verloren hat und die keine Kriterien mehr kennt, durch die sich Kunst von Nichtkunst unterscheiden lässt, als Kunst rechtfertigen? Sie tut dies erstens noch, indem sie festhält am Fortschrittspathos der alten Avantgarden. Das Kriterium der Innovativität hat schon seit längerer Zeit das viel ambigere Kriterium der Qualität abgelöst. Allerdings hat die Kunst wohl inzwischen jenen »Punkt der Modernisierung« überschritten, an dem sie laut Greenberg, einem wichtigen Förderer der Avantgarde, »aufhören muss, überkommene Konventionen abzuschaffen, wenn sie als Kunst existenzfähig bleiben will«. Weil sich jetzt nichts mehr abschaffen lässt, bleibt nur der Weg in die popkulturell konsumierbare Oberflächlichkeit, die für einige wenige Sekunden die Aufmerksamkeit des Betrachters finden kann, oder die Provokation durch das Monströse, »lässt sich das Monströse doch, gleichsam aus guter Gewohnheit, als Ausweis eines radikalen, ja avantgardistischen Geistes interpretieren«, denn immerhin gehöre »die Verherrlichung von Konventionsbrüchen und Geschmacksverletzungen zur Mentalität der auf Reinigung und Revolution fixierten Moderne«, so Ullrich in seinem Buch *Siegerkunst*. Ein angenehmer Nebeneffekt dieses Festhaltens am Fortschrittspathos besteht dann darin, dass man noch immer jede noch so berechtigte Kritik als erzkonservatives Banausentum abtun kann, ohne selbst inhaltliche Argumente anführen zu müssen. Ein zweiter Rechtfertigungsgrund besteht in der bereits erwähnten Indienststellung politischer Aktionen als Kunst, um gesellschaftliche Relevanz für die Kunst insgesamt anmelden zu können.

Noch wichtiger sind allerdings als Drittes Institutionen wie Museen und Kunstvereine, die letztendlich darüber entscheiden, was Kunst ist und was nicht. Das, was im Museum hängt, ist Kunst. Da die Museen letztlich aber auch keine Kriterien mehr haben, entsteht ein Kreislauf der Selbstbestätigung: »Je mehr Museen Aktionsreste, Abfälle, Kisten und Konserven zeigten«, stellt Weber fest, »umso sicherer fühlten sich die nachfolgenden Aussteller.« Zu mehr Vielfalt trägt auch dies nicht bei: Überall hänge das Gleiche: »Warhol, Twombly, Baselitz, Polke, Richter usw.« Man sollte schon besser früh damit anfangen, diese Konfektionsware zu verkaufen, denn »in der nächsten Generation, wenn alle auf diese Idee kommen, könnte sie weit weniger wert sein«, meinen Saehrend und Kittl.

Womit wir nun als viertem Punkt wieder beim Markt angekommen sind. »Die Kunst wird dann wertgeschätzt und als bedeutsam angesehen, wenn sie viel wert ist.« Oder anders ausgedrückt:

> die Unsicherheit und Unbestimmtheit ihres Wertes als Gegenstand der Rezeption wird in eine andere Sprache übersetzt, die des Geldes. Die versteht jeder, aber in ihr gibt es keine Worte für Unbestimmtheit und Vieldeutigkeit.

Die spektakulärste Wirkung des heutigen Kunstmarkts ist die Produktion von *Siegerkunst*, wie Wolfgang Ullrich in seinem gleichnamigen Essay zeigt. Mit Siegerkunst ist jene Kunst gemeint, die mit den unvorstellbar hohen Preisen, die sie erzielt, sowohl den Künstler als auch den Erwerber als Sieger dastehen lässt: »Siegerkunst« sei also »Kunst von Siegern für Sieger«. Als Qualitätskriterium kann die Eigenschaft, Siegerkunst zu sein, aber nicht dienen, weil »Siegerkunst umso mehr Aufmerksamkeit auf sich zieht, je stärker die Diskrepanz zwischen dem Preis für ein Werk und seinen erfahrbaren Qualitäten empfunden wird«. Die Schlussfolgerung ist einfach: »Je mehr das Werk eine Zumutung darstellt, desto besser eignet es sich als Statussymbol, das exklusiv wirkt und Unterschiede markiert.«

Siegerkunst ist auch keine humane Kunst, denn: »Je perverser, brutaler, obszöner das Werk ist, desto besser kann sich ein Sammler als souverän präsentieren.« Mit anderen Worten, Siegerkunst ist asozial, ähnlich wie unser städtisches Bauen durch den totalitär gewordenen Kapitalismus asozial geworden ist. In Berlin und in Stuttgart hat man die Chance vertan, um den Hauptbahnhof Stadträume entstehen zu lassen, die die Menschen schön finden, in denen sie sich wohlfühlen, in denen sie flanieren und entspannen, in denen sie sich treffen und miteinander austauschen können. Stattdessen wurde und wird die Fläche mit rechtwinkligen Investorenklötzen zugestellt.

Zwar ist es richtig, die primäre Schuld für solche Entwicklungen kapitalistischen Strukturen zu geben. Aber auch hier gehört zum *murderer* ein *murderee*, gehört zum Investorenbunker eine Bevölkerung, die es hinnimmt, dass man ihre Stadt mit einer solchen Architektur zubaut. Sie nimmt es aber hin, weil man eine solche Architektur als die einzig zeitgemäße propagiert. Weil es aber keinen zeitgemäßen Stil mehr gibt, der außer der von Han diagnostizierten »glatten« Schönheit schön ist, hat Schönheit als Kriterium ausgedient. Dies wird hingenommen, weil Schönheit etwas Ambiges ist, weil sie zwar von vielen, aber eben nicht von allen Menschen erfühlt wird. Objektive Kriterien für Schönheit sind schwer anzugeben. Also wird Schönheit und damit auch ihr utopisches Potential abgetan. Eine Sehnsucht nach einer schöneren Welt ist aber auch eine Sehnsucht nach einer menschlicheren, sozialeren, vielfältigeren, beschaulicheren Welt. Diese Utopie der Schönheit ist jedoch anscheinend tot.

Nach dem Fundamentalismus der klassischen Moderne hat sich in Sachen Kunst und Schönheit Gleichgültigkeit breitgemacht. Obwohl Museen boomen, schauen die Leute nicht mehr hin. Besucher verbringen durchschnittlich nur elf Sekunden vor einem Kunstwerk, wie Saehrend und Kittl feststellen. Auch wenn man Kunst heute in vielbesuchten »glitzernden Museumstempeln« ausstelle, »wird sie doch wieder zum Bestandteil der erlebnisorientierten Populärkultur«.

Der Popkulturalisierung der Kunst entspricht die Popkulturalisierung der Musik. Anders als Dodekaphonie und serielle Musik sucht sie die Eindeutigkeit nicht im Material, sondern in der Wirkung, im Effekt. »Effekt wird zum Inhalt, er ersetzt die Substanz.« Mit diesen Worten fasste Greenberg 1989 das Wesen des Kitsches zusammen, der ihn empörte, obwohl er selbst bekennt, Popmusik zu mögen.

Vielleicht sollte man in der Tat milder über Kitsch urteilen, als dies die Fundamentalisten der Moderne, allen voran Adorno, getan haben. Andererseits muss man sich auch der Gefahr bewusst sein, dass die Verkitschung von Kunst und Musik durchaus deren Existenz bedroht, weil Kunst und Musik nur noch gleichgültig rezipiert werden können, wenn sie keinen Ernst mehr erkennen und sich nicht mehr mit ernsthafter Hingabe rezipieren lassen. Die quasiindustrielle Herstellung von Kunst und Musik setzt jedoch anscheinend nur noch auf ebenjenen Effekt. Künstler haben eine »Idee« und lassen diese von einem Team ausführen, in dem Einzelne noch die handwerklichen Fähigkeiten haben, über die der Künstler oder die Künstlerin längst nicht mehr verfügt. Einige Künstler sehen das Ergebnis ihrer Arbeit bei der Vernissage überhaupt zum ersten Mal.

Dasselbe gilt mindestens ebenso für viele Popsongs, die längst nicht mehr als Gemeinschaftsarbeit zwischen einem Textdichter und einem Komponisten (oder in Personalunion beider Rollen) erschaffen werden, sondern mit wissenschaftlichen Methoden und Computerprogrammen auf Effekt getrimmt werden. Hits entstehen heute nämlich »in einem viel arbeitsteiligeren Prozess, unter Beteiligung von bis zu fünfmal so vielen hoch spezialisierten Zulieferern«, nicht anders als viele Biennale-Kunstwerke auch. Da sei etwa der »Beat-Produzent, der nichts anderes macht, als an dem einen perfekten Hi-Hat-Sound zu feilen, während ein anderer Beat-Fachmann die ideal pumpende Bassdrum programmiert. Da ist der Komponist, der nur darauf spezialisiert ist, raffinierte Bridges auszutüfteln«. Und »Heerscharen von Songwritern probieren verschiedene Kombinationen von Melodiefragmenten und Silben aus«. Diese »Melodic Math« sorgt nicht gerade für ein Mehr an Bedeutung, weil »ein Song textlich nicht unbedingt Sinn ergeben muss, solange die Silben und Worte nur perfekt und ruckelfrei über die Melodiebögen gleiten«, führt der Musikjournalist Jan Kadves aus. Und ähnlich, wie der zunehmenden Anzahl von Schokoriegelsorten keine wirkliche Steigerung der Lebensmittelvielfalt entspricht, sind auch diese industriell verfertigten Popsongs eher ein Symptom für die Vereindeutigung der Welt als für künstlerische Vielfalt.

Aber ebenso wie Kunst nach wie vor am Nimbus des Fortschrittlich-Widerständigen der klassischen Moderne zehrt, zehrt Popmusik noch immer an ihrem Nimbus des Rebellischen und Antikonformistischen der Jahre und Jahrzehnte nach 1950. So kommt es, dass selbst ernsthafte Künstler sich heute genötigt fühlen zu beteuern (ob aufrichtig oder nicht), dass es keinen prinzipiellen Unterschied zwischen U- und E-Musik gebe. Und wieder begegnen wir dem Phänomen, dass Ambiguität dadurch beseitigt wird, dass man ihre Existenz bestreitet. Wenn sich Qualitätsunterschiede nicht mit eindeutigen Kriterien feststellen lassen, dann scheint es einfacher zu sein zu sagen, es gebe gar keine Qualitätsunterschiede, als über nicht leicht zu präzisierende, aber dennoch vorhandene Qualitätsunterschiede nachzudenken. Hier sei dagegen daran festgehalten, dass es Qualitätsunterschiede gibt, dass etwa ein Schlager-Tralala nicht dieselbe Qualität hat wie der eingangs erwähnte Punksong der Nina Hagen, und dass beide wiederum andere Qualitäten haben als etwa ein Streichquartett von Alban Berg.

Problematisch ist hier wiederum nicht die Existenz der Popmusik, ebenso wenig wie das Problem abstrakter Kunst oder serieller Musik in ihrer bloßen, oft durchaus bereichernden Existenz liegt. Fragwürdig ist vielmehr ihr Absolutheitsanspruch. Anders als avantgardistische Kunstrichtungen behauptet Popmusik zwar nicht, dass sie die einzig gültige Kunstrichtung und alles andere reaktionär, wertlos und verdammungswürdig sei. Sie ist aber häufig so unmittelbar effektiv und emotional wirksam und dabei so glatt und voraussetzungslos konsumierbar, dass sie omnipräsent wird und alle anderen, feineren und differenzierteren Stimmen übertönt. So wirkt sie häufig (wie gesagt: nicht immer) keineswegs bereichernd, sondern trägt eher zur Verarmung bei.

Ein zweites Zwischenfazit: Religion und Kunst sind Rückzugsgebiete für Ambiguität und können nur in diesem Rahmen gedeihen. Religion kann Unheil stiften. Wir werden jedoch weder Religion abschaffen können, noch spricht irgendetwas dafür, dass eine Welt ohne Religion eine bessere und friedlichere Welt wäre. Religion kann aber domestiziert und gezügelt werden, indem sie ihr Ambiguitätspotential bewusst zum Nutzen der Gesellschaft einsetzt.

Neben der Religion bergen die Künste das größte Ambiguitätspotential. Die Gesellschaft wird davon aber nur profitieren können, wenn der Ambiguitätsvernichtung durch ihre Trivialisierung im marktradikalen Kapitalismus Einhalt geboten wird. Um das Motto des Deutschen Theaters für die Spielzeit 2015/16 umzuformulieren: Es könnte sein, dass die Ursachen, die zu einem leeren (oder zumindest: leereren) Himmel führen, auch die Erde leerer werden lassen.

7 Der Authentizitätswahn

Er habe gelernt, erzählte mir ein Düsseldorfer Kunststudent, dass es vor allem auf Authentizität ankomme und nicht darauf, gut malen zu können. Die Authentizität, die der Kunststudent verwirklichen will, ist nicht Authentizität im alten Sinn des Wortes. Es bezeichnet nicht einen Ring aus echtem Gold, ein tatsächlich von Van Gogh stammendes Gemälde oder einen faktentreuen Bericht. Es handelt sich vielmehr um eine Eigenschaft eines Menschen, der, obwohl er wie jeder Mensch ein echter Mensch, dennoch nicht ohne weiteres auch ein authentischer Mensch ist. Entsprechend ist nicht jedes Kunstwerk, auch wenn es nicht gefälscht ist, schon deswegen ein authentisches Kunstwerk in dem Sinn, den das Wort heute in vielen Diskursen angenommen hat.

In seinem polemischen Kommentar zur jüngst von immer mehr Leuten offensiv zur Schau gestellten Begeisterung für den architektonischen Brutalismus der 1950er bis 1970er Jahre diagnostiziert der Kunsthistoriker Raphael Dillhof, dass die »Liebe zu den harten Betonformen« in der »Konsens-Bubble zwischen Laptop, Rennrad und Stammcafé« nicht nur »die verlorene Echtheit und Authentizität« biete, sondern »auch eine Form der Abgrenzung, der Reibefläche«, also einen fundamentalistischen Gegenpol zur Gleichgültigkeit des Alltäglichen. Leben wolle man selber aber doch lieber in einer Altbauwohnung. Der gegenwärtige »Brutalismus-Hype« sei dabei symptomatisch für so vieles: Nicht zufällig gelte »das Zauberwort der Brutalisten, die Authentizität, auch in Populär- und Hochkultur wieder als höchstmögliche Auszeichnung – von der Baumarktwerbung bis zur Renaissance der Performance in der bildenden Kunst«.

Dies »Zauberwort« gilt jedoch nicht nur in der Kunst, sondern auch in der Politik, ja: für die Gesellschaft insgesamt. Authentizität in dem hier angedeuteten Sinn muss allein schon deshalb ausführlicher betrachtet werden, weil ihre Omnipräsenz einen wesentlichen Faktor bei der Vereindeutigung der Welt ausmacht. Um zu verstehen, was gemeint ist, schlage ich den Umweg einer kurzen Überlegung zum Realismus ein, der zwar noch weit von dieser Art von Authentizität entfernt ist, aber doch eine Entwicklung erkennen lässt, die zum gegenwärtigen Authentizitätswahn führen sollte.

Auch wenn es geradezu als Kernmerkmal neuerer Kunst gilt, nicht-mimetisch zu sein, also nicht die Wirklichkeit nachahmen zu wollen (obwohl dies ja weder für Pop-Art noch für Aktionskunst gilt), verläuft die allgemeine Tendenz der Kultur im Gegenteil eher hin zu einem immer stärkeren Realismus.

Sehr langfristig vollzog sich diese Entwicklung etwa im Musiktheater. Die Barockoper war von Regeln der Rhetorik geprägt, die je nach Situation und Emotion den Einsatz bestimmter musikalischer Mittel erforderte. Die Sänger vollführten rhetorisch vorgegebene Gesten, und die Stücke spielten an exotischen Schauplätzen, eine Tatsache, die sich aber in der Musik (und auch in den Kostümen) nicht widerspiegelte. Dann fand eine allmähliche Entrhetorisierung der Oper statt. Ferne Schauplätze schlugen sich immer häufiger auch in der Musik nieder, etwa in den *Alla-turca*-Passagen in Mozarts *Entführung aus dem Serail*. Die Handlungen wurden realistischer, und Mozarts *Così fan tutte* musste sich schon wenige Jahre nach seiner Uraufführung vorwerfen lassen, dass die Handlung nicht nur unmoralisch, sondern auch unglaubhaft sei: Anscheinend wurde bewusst eine immer größere Realitätsnähe erstrebt. Die Richtung des *Verismo* setzte diese Tendenz sogar in ihrem Namen um. Die Melodie wurde ebenfalls immer »realistischer«, und die Koloratur, die in den Belcanto-Opern der ersten Hälfte des 19. Jahrhunderts blühte, als unnatürlich verworfen. Allmählich näherte sich die Gesangslinie immer mehr der Sprechmelodie an, besonders deutlich bei den Veristen, bei Puccini und in der Operette. Im zeitgenössischen Musiktheater erfreut sich eine dem Sprechgesang angenäherte Melodieführung großer Beliebtheit, und in der Popmusik liefert Sprechgesang (mit sehr wenig Gesang) z. B. das Material für Rap und Hiphop.

Dies ist zugegeben eine sehr schematische Deutung, die viele Ausnahmen nicht berücksichtigt, etwa Perlen des absurden Theaters wie György Ligetis *Le Grand Macabre* oder das Wiedererwachen der Barockoper seit dem letzten Drittel des 20. Jahrhunderts. Die Tendenz zu immer größerem Realismus scheint mir aber schwer zu leugnen, eine Tendenz, die schließlich die Existenzberechtigung der Oper selbst in Frage stellen könnte, weil die Oper von Natur aus eine hochartifizielle Kunstform ist und nie und nimmer wirklich realistisch werden kann.

Dies gilt nicht nur für die Musiktheaterbühne, sondern für das Theater insgesamt. Auch im Sprechtheater macht sich die Forderung nach Authentizität immer breiter, und »authentische« Formen wie das Dokumentartheater und andere postdramatische Theaterformen lösen die Aufführung literarischer Theaterstücke zunehmend ab. Allerdings bleibt das Theater bei noch so drastischem Realismus und bei allen Versuchen, die Trennung zwischen Bühne und Publikum so weit wie möglich aufzuheben, immer noch ein künstlicher Raum. Und »solange Schauspieler auftreten«, meint Moritz Rinke vom Berliner Ensemble, »treten Menschen auf, Biografien, Künstler, deren größte Gabe die Nachahmung des Erlebten und die Verwandlung ist«. Aus diesem Grunde wird es »ein Postdramentheater auf lange Sicht kaum geben können«.

In Bezug auf den Realismus kann das Theater ohnehin mit dem Film nicht mithalten. Im Film wird die Tendenz zu immer größerer Realitätsnähe besonders deutlich. Die Stummfilme

F. W. Murnaus, Fritz Langs und Sergei Eisensteins sind hochartifizielle Meisterwerke. So viel wie bei ihnen gab es später selten mehr zu sehen. Die Erfindung des Tonfilms wurde zunächst keineswegs von allen bejubelt. Die Einführung des Farbfilms erschwerte das sublime Spiel mit Licht und Schatten der Schwarzweißfilme, lieferte aber ein wirklichkeitsgetreueres Bild, wenn auch nicht unbedingt eine höhere Qualität der Filme (die gerade in den 1970er Jahren oft auch von schlechterer Bildqualität waren als ihre schwarzweißen Vorgänger). Nun ist gegen Ton- und Farbfilme ja prinzipiell nichts einzuwenden. Bedauerlich ist nur, dass in der kapitalistischen Fortschrittsideologie ein Zurück nicht möglich erscheint. Nach dem Siegeszug des Tonfilms konnte man schlichtweg keine Stummfilme mehr drehen, und Schwarzweißfilme blieben nach Einführung des Farbfilms eine Angelegenheit für eine kleine Gemeinde von Cineasten und haben etwa mit George Clooneys *Good Night, and Good Luck* von 2006 und Michael Hanekes *Das weiße Band* von 2009 bis zu Michel Hazanavicius' oscarprämiertem *The Artist* von 2011 eher vereinzelt Erfolge gefeiert.

Stattdessen schreitet die Technik unaufhaltsam voran, setzt den Leuten 3-D-Brillen auf oder macht sie mit *virtual reality equipment* vollends zu Bestandteilen von Videospielen. Auch virtuelle Realität will dabei Realität sein, so real wie möglich und ohne erkennbare epische Distanz. Ambiguität ist dabei nicht erwünscht, eine Tatsache, die das Entstehen großer Kunst nicht gerade befeuert. Diese Entwicklung hin zu immer mehr Realität ist im Falle des Films und seiner Nachfolgemedien natürlich durch die technische Entwicklung mitbestimmt – aber eben nur mitbestimmt. Das Beispiel der Entwicklung der Oper und des Gesangs sollte zeigen, dass es keineswegs der Stand der Technik allein ist, der solche Entwicklungen erzwingt. Es muss der Wille hinzukommen, Dinge in eine bestimmte Richtung zu verändern, und dieser Wille zielt eindeutig auf eine immer größere Realitätsnähe.

Die Realitätshuberei scheint ein globales Phänomen zu sein. Ein Blick in arabischsprachige Länder etwa zeigt, dass klassische arabische Dichtung zwar nach wie vor viele Liebhaber findet, dass aber arabische Literaturwissenschaftler seit der Mitte des 20. Jahrhunderts häufig Unbehagen an ihrem Forschungsgegenstand äußern. Dies liegt daran, dass sich das Dogma ausbreitete, Dichtung diene dem »ungekünstelten Ausdruck wahrer Gefühle«. Nun hat allerdings kein einziger arabischer Dichter im Laufe von eineinhalb Jahrtausenden versucht, wahre Gefühle – und noch dazu ungekünstelt – auszudrücken, sondern er zielte darauf ab, im Hörer Emotionen auf möglichst raffinierte Weise zu erwecken. Und genau aus diesem Grunde hat heute mancher arabische Intellektuelle Probleme damit, eine der größten Kulturleistungen der Menschheit, wie sie die klassische arabische Dichtung nun einmal darstellt, angemessen würdigen zu können.

Immerhin beschränkt sich dieses Missbehagen lediglich darauf, dass so mancher Vers kein »wahres« Gefühl (was immer das auch sein mag) ausdrückt und nicht »ungekünstelt« ist, während die Existenzberechtigung des höchst artifiziellen Mediums der Poesie selbst (noch) nicht in Frage gestellt wird und das Verlangen nach größerer Realitätsnähe immer noch weit vom gegenwärtigen Authentizitätswahn entfernt ist. Allerdings ist mittlerweile eine Tendenz zu beobachten, jegliche kulturelle Vermittlung von realem Erleben als problematisch zu empfinden, etwa wenn die SZ unter der hübschen Überschrift »Ulk total authentisch« über die Premiere des ersten Youtuber-Kinofilms berichtet. Der Film habe jenen Jugendlichen gefallen, »denen es nicht um Qualität geht, sondern um Authentizität«. Fernsehen sei für diese Klientel »nicht interessant, sagen drei Mädchen, ›die Menschen schauspielern da so‹«.

Hier würden sie aber »normale Jugendliche, die normale Probleme haben, sehen«, und die seien »offen, sie machen einem immer gute Laune‹«. An dieser Stelle hilft wohl weder Dokumentartheater noch Reality-TV weiter.

Mögen die Beispiele möglicherweise nicht einmal repräsentativ sein, so helfen sie doch zu verstehen, was es mit der Authentizität auf sich hat. Authentisch ist der Mensch offensichtlich nur dann, wenn er sein Inneres, seine vermeintlich unverfälschte Natur, ungefiltert nach außen stülpt. Und das bedeutet letztlich: Authentizität ist das Gegenteil von Kultur. Kultur, die *cultura*, sprich »Anpflanzung, Pflege«, ist das, was die Menschen aus dem Rohmaterial der Natur machen. Folglich ist der Mensch als Kulturwesen nie völlig identisch mit sich selbst als Naturwesen. Wiederum entsteht hier eine Situation der Ambiguität, die nur dann beseitigt werden kann, wenn das als authentisch geglaubte Naturwesen unkultiviert bleibt. Anthropologisch ist das zwar Irrsinn, denn der Mensch ist bereits seiner Natur nach ein Kulturwesen, doch lässt dies der Authentizitätsdiskurs weitgehend außer Acht, der voraussetzt, dass sich unser unverfälschtes Ich in uns selbst findet und sich nicht in unserem Zusammenspiel mit Kultur und Gesellschaft entwickelt. Der Authentizitätsdiskurs sieht davon ab, dass Menschen in der Gesellschaft immer in verschiedenen Rollen agieren, die situationsbedingt wechseln, in denen die Menschen keineswegs immer auf dieselben Fragen dieselben Antworten geben und auf ähnliche Stimuli mit denselben Emotionen reagieren. Das Authentizitätsmodell legt demgegenüber nahe, dass es jenseits dieser Rollen ein wahres Selbst gibt und dass es erstrebenswert ist, dieses wahre Selbst möglichst ungefiltert auszuleben.

Allerdings läuft dieses wahre Selbst (und hier müssten Überlegungen zum Zusammenhang zwischen Authentizität und Kapitalismus ansetzen) auf ein Selbst als Konsument hinaus, auf den Menschen, der gerade dann er selbst ist, wenn er das konsumiert, was seinen »authentischen« Bedürfnissen entspricht und ihm damit zu seiner Identität verhilft (»der individuelle Duft« in Millionenauflage ist dann kein Widerspruch in sich). Die Werbewirtschaft zielt genau auf diesen Konsumenten ab, der im Konsum von Massenware seine Identität findet.

Das alte Glücksversprechen der Werbung, durch den Kauf dieses oder jenes Produkts würde das Leben deutlich besser werden, wird nicht mehr bedingungslos geglaubt. Die Ambiguität, die schlicht darin besteht, dass die Werbebotschaft nicht mit der Realität übereinstimmt, ist durchschaut. Also muss Eindeutigkeit auf andere Weise hergestellt werden. Diese Eindeutigkeit liefert das Konzept der Authentizität: Unsere kulturell unverfälschte Natur besteht demnach aus Bedürfnissen verschiedener Art, ja, diese Bedürfnisse (»Bedürfnis« ist der Basisbegriff der klassischen Wirtschaftstheorie) machen unser wahres Wesen aus. Wenn wir also wirklich wir selbst, also authentisch sein wollen, müssen wir diese Bedürfnisse stillen. Die kapitalistische Wirtschaftsweise braucht also weniger das autonome als vielmehr das authentische Subjekt. Das authentische Subjekt findet seine Erfüllung in der Stillung seiner authentischen Bedürfnisse im Konsum. Deshalb muss das, was für Schokoriegel gilt, auch für Kunst gelten. Auch Kunst, die vor dem authentischen Subjekt Bestand haben soll, muss konsumierbare Kunst sein. Kunst, die langes Nachdenken, stundenlange Kontemplation, gar eine lebenslange Auseinandersetzung mit einem Werk nach sich ziehen könnte, hat keinen Platz. Deshalb ist auch Kunst, die auf den ersten Blick kritisch, gar kapitalismuskritisch zu sein scheint, letztlich doch nur affirmativ, nämlich dann, wenn sie den Authentizitätsdiskurs bedient.

Es kann aber kaum Zweifel darüber geben, dass Authentizität immer mehr als höchstes Ideal geglaubt wird. Ein frühes

Opfer dieser Entwicklung ist die Höflichkeit, jene Form der Kultiviertheit, die menschliches Zusammenleben erst erträglich macht, heute aber oft als *political correctness* diffamiert wird. Wenn jemand einen Vortrag gehalten hat, der nach Meinung eines Hörers völlig falsch und unsinnig war, würde er nach den Regeln der Höflichkeit etwa sagen: »Das war sehr interessant, auch wenn ich nicht in allen Punkten mit Ihnen übereinstimme.« Das ist nun nicht exakt das, was der Hörer denkt. Es besteht also eine Diskrepanz zwischen dem, was der Hörer sagt, und dem, was er wirklich denkt. Eindeutig – und damit authentisch – wäre es vielmehr, würde der Hörer aufstehen und sagen: »Sie sind ein Vollidiot und haben keine Ahnung von dem, worüber Sie reden!« Noch halten uns zumeist Regeln der Höflichkeit davon ab, solche Formulierungen zu gebrauchen, wenn wir einander von Angesicht zu Angesicht gegenüberstehen. Im Internet sind diese Regeln aber außer Kraft gesetzt, und in den Kommentaren der Internetauftritte von Zeitungen, auf diversen Blogs, auf sozialen Medien oder auch via E-Mail ist die Verwahrlosung der Kommunikation weit vorangeschritten. Der Mittelfinger sei »der neue Handkuss«, so der Journalist Adriano Sack. Und es seien nicht bloß Benimmregeln, die keiner mehr kennt. Um sich greife »eine allgemein ungalante, engstirnige, rachsüchtige Haltung«: Die Grundstimmung hierzulande sei »aggressiv, jeder fühlt sich permanent benachteiligt oder angegriffen, es wird geschimpft oder gleich verklagt«.

Man wende nicht ein, dies sei eine Folge des technischen Fortschritts. Das Beispiel der immer größeren medialen Annäherung an die Realität hat gezeigt, dass Entwicklungen dieser Art nicht vor allem durch den Stand der Technik determiniert sind, sondern dass zunächst der Wille da sein muss, diese Entwicklungen voranzutreiben. Man hätte früher auch per Postkarte beleidigen können. Das hat man aber nicht, oder jedenfalls eher selten. Noch bemerkenswerter ist, dass eine authentische Äußerung des Beleidigens – und authentisch ist sie ohne Frage – heute oft das gute Gewissen auf ihrer Seite hat. Immerhin war der Schreiber einer Hassmail bei ihrer Abfassung mit sich völlig im Einklang und hat sich nicht durch kulturelle Zwänge verbiegen lassen.

In der Kunst leistet der Authentizitätsdiskurs gute Dienste, um auch noch den letzten Firlefanz als Kunst durchgehen zu lassen. Auch wenn der Betrachter keinen Sinn erkennen kann, besteht im Falle des »authentischen« Werks eine Eindeutigkeitsrelation zwischen Künstler und Werk, ist das Werk doch unverfälschter Ausdruck des wahren Ichs des Künstlers. Es sei dahingestellt, warum sich ein Publikum für ein solches Werk interessieren sollte, aber immerhin ist Authentizität äußerst gut vermarktbar und taugt wunderbar als Werbeslogan. Kann jedoch Authentizität überhaupt ein Kriterium für Kunst abgeben? Authentisch ist schließlich auch der rücksichtslose Raser, der Vergewaltiger, der besoffene Fußballfan oder der Wolfsburger Jugendliche, der sich dem IS anschließt, um sich im Köpfeabschneiden authentisch selbst zu verwirklichen. Die jugendkulturelle Komponente des islamistisch begründeten Terrorismus ist gut bekannt, und diese Jugendlichen werden nicht zu Terroristen, weil sie den Koran gelesen haben, sondern weil sie endlich einmal authentisch sein und so auch wahrgenommen werden wollen.

Offensichtlich erscheint es in unserer Gesellschaft vielen als erstrebenswert, die Uneindeutigkeit, die das »Unbehagen in der Kultur« (Freud) mit sich bringt, möglichst radikal zu beseitigen. Nur in einer solchen Gesellschaft kann Authentizität als etwas uneingeschränkt Positives empfunden werden.

8 Vereindeutigung durch Kästchenbildung

Ein Begriff, der eng mit dem der Authentizität verwandt ist, ist der der Identität. Schon die Etymologie des Begriffs, das Identisch-Sein (*idem* »derselbe«), zeigt, dass es kein ambiguitätsfreundlicher Begriff ist. Identität setzt immer eine Einsheit voraus und schließt Vielheit aus.

Der Unterschied zwischen Authentizität und Identität liegt vor allem in der Reichweite beider Begriffe. Authentizität ist letztendlich nichts anderes als die Identität eines Individuums mit sich selbst. Es ist eins mit sich selbst und lässt sich nicht durch etwas Zweites verfälschen. Keine kulturellen Einflüsse, keine sozialen Rücksichten beeinträchtigen oder zähmen es. Stattdessen entfaltet es immer nur das, was vermeintlich die Natur in es hineingelegt hat. Dass wir in uns eine wahre Natur tragen, die durch Kultur und Gesellschaft verdeckt und verfälscht wird, ist zwar eine wirre und unplausible Idee, sie liegt aber letztlich dem Authentizitätskonzept zugrunde.

Authentizität ist zunächst dem Individuum vorbehalten und lässt sich schwer kollektivieren. Die Idee aber, dem Individuum komme von Natur aus eine einzige wahre Natur zu, die unverfälscht erhalten werden muss, um authentisch zu sein, lässt sich durchaus auf Kollektive ausdehnen. Zu diesem Zwecke dient der Begriff der Identität, der, angewendet auf das Individuum (»ich bin identisch«) eher lächerlich ist, wohl aber für Kollektive eine wichtige Rolle spielt. Ich spreche hier nicht von dem differenzierten Begriff der Identität, wie er etwa in der Psychologie verwendet wird, sondern von seiner politischen Verwendungsweise. Hier wird der Begriff etwa von einer neurechten Strömung in Anspruch genommen, die sich als »Identitäre Bewegung« bezeichnet und deren bemerkenswertester Erfolg darin besteht, dass es ihr gelingt, völkischen Nationalismus und Kulturrassismus zu internationalisieren.

Als Vordenker wird gerne Alain de Benoist und als Ausgangspunkt die ›Nouvelle Droite‹ der 1970er Jahre genannt. Die Berufung auf einen Franzosen, der erst 1943 geboren wurde, scheint nahezulegen, dass diese Bewegung nicht direkt auf rassistische Ansichten der Nationalsozialisten zurückgeht. Diese Distanz ist jedoch nur scheinbar, denn nicht alle Rassisten des »Dritten Reichs« verankerten ihren Rassismus biologistisch. Wenn etwa de Benoist die Vorstellung höherer und niedriger Rassen ablehnt und seinen »differentialistischen Antirassismus« dagegensetzt, dann ist er sich völlig einig mit Ludwig Ferdinand Clauß (1892–1974), der ebenfalls die Meinung vertreten hatte, es gebe für die Wissenschaft keine minderwertigen Rassen.

Clauß' Rassentheorie

Die Geschichte des Ludwig Ferdinand Clauß ist allerdings eine der aberwitzigsten Ambiguitätsgeschichten überhaupt und soll aus diesem Grunde an dieser Stelle etwas ausführlicher erzählt werden. Sie umfasst die persönliche Tragödie zweier Menschen, einen Wissenschaftskrimi, Dramen von Eifersucht, Verleumdung und Denunziation, tragikomische Episoden von Behördenwirrwarr, Gerichtsprozesse von rund zwanzig Jahren Dauer und ein israelisches Satyrspiel.

Es begann damit, dass Clauß, den es in die weite Welt trieb, beschlossen hatte, die Phänomenologie seines Lehrers Edmund Husserl auf die Völkerpsychologie anzuwenden. Damit geriet Clauß wiederum auf das Terrain eines besonders ambiguitätsintoleranten Gesellschaftsdiskurses, nämlich der Rassentheorie. Als Geisteswissenschaftler wollte Clauß die Rassen aber nicht mit den schädelvermessenden Methoden der Biologen erforschen. Vielmehr wollte er mittels der von ihm entwickelten Methode des »mimischen Miterlebens« oder »Mitlebens« (nicht völlig verschieden von der etablierten ethnologischen Methode des »teilnehmenden Beobachtens«) ihre jeweils rassetypischen Seelenzustände erkunden: »So bauen wir uns in mimischem Miterleben Schritt für Schritt und Schicht für Schicht die Welt der anderen auf: die fremdgeartete Welt.« Clauß wurde so zum Begründer der Rassenseelenkunde und geriet damit in einen Teufelskreis von Ambiguitäten, dem er nie mehr, nicht einmal durch seinen Tod, entrinnen sollte. Der Plan, mit einer ganz und gar auf Ambiguität beruhenden Methode (man bleibt im Eigenen verwurzelt, »klammert« dieses aber »aus«, während man gleichzeitig das Fremde mimetisch mitlebt) Ordnung in die Ambiguität der Menschen zu bringen, indem man sie in säuberlich getrennte Rassen-Kästchen sortiert, kann nicht aufgehen.

Zunächst aber sah Clauß seine Aufgabe als Rassenforscher darin, die Menschen in möglichst eindeutige Kategorien einzuteilen, denn:

> Rasse ist Gestalt, und jede Gestalt ist, was sie ist, durch ihren Umriß, ihre Grenze. Seelenkunde der Rassen ist Grenzforschung. Wer aber eine Grenze scharf erkennen will, muß auch das noch sehen, *wovon* sie ein Wesen abgrenzt: das also, was jenseits der Grenze liegt. [...] Unsere Grenze zu suchen ist unser vornehmstes Amt. Unsere Grenze gegen das Fremde aber ist zugleich die Grenze gegen uns. Auch von drüben her soll diese Schranke nicht verhüllt und nicht umschlichen werden.

Deshalb gelte es nicht nur, das deutsche Wesen rein zu halten. Vielmehr sollten auch die anderen Rassen davor bewahrt werden, durch Fremdes kontaminiert zu werden:

> Der Stil des nordischen Leistungslebens greift um die Erde mit dem erbarmungslosen Werkzeug mechanischer Macht und zerstört alles artgerechte Leben derer, die nicht Leistungsmenschen sind. Das bedeutet eine ruchlose Verletzung und Verwirrung fremder Artgesetze, und diese Verwirrung muß früher oder später notwendig rückwirken auf uns selbst und unsere nordische Welt.

Jede Rasse hat also ihr eigenes Artgesetz, und keines davon ist weniger wert als das andere. Dies gelte, so Clauß, auch für die Juden, die er einem Rassentyp zuordnete, für den er sich die Bezeichnung »Erlösungsmensch« ausgedacht hatte. Problematisch sind nach seiner Theorie aber Vermischungen oder das Leben in fremder Umgebung, Umstände der Uneindeutigkeit also. Gerade davon seien nun besonders die Juden betroffen, weil sie, vor allem in Europa, infolge ihrer Vermischung mit anderen Rassen, ihre eigene Rassenseele nicht entfalten könnten. Deshalb ersönnen sie sich »abstrakte Systeme zur Erfassung der stofflichen Werte dieser Welt« als »Ersatz für die stilgerechte Vergeistigung, der sie sich entziehen«.

Wenn Clauß sich später den Nazis als lupenreiner Antisemit präsentierte, tat er dies teilweise gegen seine Überzeugung, weil ihm die Semiten, zumindest die »reinrassigen«, insgesamt sympathisch waren. Clauß wollte aus diesem Grunde die Semiten in ihrer reinen und unverfälschten Art näher kennenlernen, und dazu schienen ihm die arabischen Beduinen des Jordanlands geeigneter als die Juden. Also lernte Clauß Arabisch, fuhr nach Palästina und stellte sich den transjordanischen Beduinen als »Scheich der Deutschen« vor. Die Resultate dieser Forschungen, die in einem Buch wie *Semiten der Wüste unter sich. Miterlebnisse eines Rassenforschers* münden sollten, machten Clauß rasch zu einem der bekanntesten und angesehensten Rassenforscher, obwohl (oder vielleicht gerade weil) sich seine Methode deutlich vom biologistischen Mainstream der Rassenforschung unterschied und weil er unterhaltsamen Lesestoff bot.

Dann aber kam ihm ein privates Problem in die Quere. Clauß hätte seine Forschungen nicht ohne die aufopferungsvolle Zuarbeit seiner Assistentin Margarete Landé durchführen können. Durch fortgesetzte Denunziationen von Claußens Ex-Ehefrau kam nun aber ans Licht, dass Landé Jüdin war, und die Partei musste der Sache zwangsläufig nachgehen. Aber wie jüdisch war sie? Wenn in der Moderne eine rassistische Ideologie entwickelt wird (also eine Ideologie, die in ihrem Bestreben, Ordnung zu schaffen, ganz und gar modern ist), dann muss sich das auch exakt in Zahlen ausdrücken lassen. Nach offiziellen Maßstäben war Landé nun zu 100 Prozent Jüdin, nach der seelenkundlichen Einfühlungsmethode von Clauß höchstens zu 50 Prozent, und sie müsse es doch, verteidigte sich Clauß, zu mindestens 75 Prozent sein, um als Mischling im Sinne der Rassengesetze zu gelten. Clauß, der trotz seiner Verstrickung in rassentheoretischen Unfug (der damals international als seriöse Wissenschaft galt) eine ziemlich ambiguitätstolerante Persönlichkeit gewesen zu sein scheint, wurde nun seinerseits ärgerlich und ließ die NSDAP wissen:

> Ich kann mir nicht denken, daß diese Prozentgesinnung tatsächlich die der Partei ist [...]. Ich werde diese Sache auf Biegen und Brechen durchpauken, denn ich will wissen, ob die Partei es zuläßt, daß die Freiheit der Wissenschaft in eine Prozentrechnung verwandelt wird.

Da hatte er die Ambiguitätstoleranz der Partei aber gehörig überschätzt. Die Partei stand hier vor einer ähnlichen Situation wie die Kurie im Falle des Sheriman'schen Wunsches nach der Zulässigkeit von Kinderehen: Einerseits war es mit der Parteidoktrin völlig unvereinbar, dass ein Parteimitglied eine Jüdin beschäftigt. Andererseits würde man sich aber im Ausland blamieren, wenn man einen der international angesehensten Rassenforscher diskreditieren würde. Die Nazis hatten allerdings, anders als die Kurie, kein *nihil esse respondendum* in ihrem Werkzeugkasten. Dennoch passierte zunächst erst einmal wenig, weil Clauß in der folgenden Prozesslawine (die, unter unterschiedlichen Vorzeichen, von 1941 bis 1962 andauern sollte) zunächst das (allen Beteiligten freilich unbekannte) Ambiguitätsenergieerhaltungsgesetz zu Hilfe kam, das da lautet: Je mehr Energie für die Beseitigung von Ambiguität aufgewendet wird, desto mehr Ambiguität entsteht im Verhältnis zur jeweils beseitigten Ambiguität.

Totalitäre Systeme bieten hierfür ein schönes Beispiel: Um eine ambiguitätsfreie Ideologie durchzusetzen, werden Institutionen gegründet, deren Mitglieder aber wiederum unterschiedliche Vorstellungen von der Ideologie haben und verschiedene eigene Interessen verfolgen. Ineffizienz, Klüngel und Intrigen sind die unausbleibliche Folge. Der Versuch, Ambiguität zu reduzieren, führt hier geradezu zwangsläufig zu einem Mehr an Ambiguität. Clauß nützte dies aus und spielte Institutionen gegeneinander und wieder Freunde in den jeweiligen Institutionen gegen seine und ihre jeweiligen Gegner aus. Schließlich führte der Fall auch noch zu einer wissenschaftlichen Kontroverse. Seine Gegner, die Rassenkunde als naturwissenschaftliche Disziplin verstanden und lieber Schädel vermaßen als Seelenzustände mitzuleben, wandten sich gegen die von Clauß etablierte Methode, die ihnen als zu ambig erschien. Damit widersprach man seinem Argument, er habe eine Jüdin als Mitarbeiterin gebraucht, weil er sich als nordischer Mensch zwar in semitische Beduinenscheichs einfühlen könne, nicht aber in Juden, wozu es doch zumindest einen Anteil jüdischen Blutes brauche. 1943 half alles Taktieren nichts mehr, und Clauß, der schon zuvor seine universitäre Stellung verloren hatte, wurde aus der NSDAP ausgeschlossen. Nach dem Krieg klagte Clauß auf Wiedergutmachung, was ihm weitere Prozesse einbrachte. 1981 wurde dem nationalsozialistischen Rassenforscher Clauß, dem es auf abenteuerliche Weise gelungen war, seine Mitarbeiterin Landé über die Nazizeit zu retten, ein Baum in der Allee der Gerechten Yad Vashem in Jerusalem gewidmet, eine Ehrung, die allerdings 1996 wieder rückgängig gemacht wurde.

Die Idee, dass sich Menschen sinnvollerweise in Rassen einteilen lassen und dass sich Rassen bzw. Kulturen nur dann entfalten können, wenn sie untereinander bleiben, gewinnt zunehmend wieder Anhänger, nicht nur in der Identitären Bewegung, die sich auf Benoist beruft, der im Namen der »Vielgestaltigkeit der Welt« ihre »fortschreitende Vereinheitlichung« bekämpfen will. Diese »Vielgestaltigkeit« ist nun gerade nicht die Vielgestaltigkeit, die in diesem Buch gemeint ist. Von Benoist und seinen Gefolgsleuten wird allenfalls ein streng getrenntes Nebeneinander verschiedener Völker und Kulturen akzeptiert, die jeweils ihre eigene Identität kultivieren. (Clauß hätte gesagt: die ihre jeweils eigene Rassenseele zur Entfaltung bringen). Nur auf diese Weise werden sie als Kollektiv authentisch. Das Kollektiv wiederum erkennt in jenen authentischen Merkmalen, die es von anderen Kollektiven unterscheidet, seine eigene Identität, die bewahrt werden muss und auf keinen Fall durch Vermischung oder Entgrenzung beschädigt werden darf.

Eine solche Vielgestaltigkeit kann also keineswegs mit Vieldeutigkeit einhergehen, da innerhalb eines jeden Kollektivs ein hohes Maß an Eindeutigkeit über Zugehörigkeit bzw. Nichtzugehörigkeit zu ihm und über die Eigenschaften herrscht, die die Zugehörigkeit begründen. Wir begegnen hier einer gängigen Strategie der Entambiguisierung, die ich »Kästchenbildung« nennen möchte: Wenn offensichtlich keine Aussicht darauf besteht, Eindeutigkeit durch Beseitigung des Ambigen herzustellen, bleibt als zweitbeste Lösung immer noch die Möglichkeit, die Welt in Kästchen zu sortieren, innerhalb derer dann aber wenigstens größtmögliche Eindeutigkeit herrschen soll. Die Existenz des Anderen bleibt zwar immer noch ein Ärgernis, doch wird die eigene Identität wenigstens nicht durch Vermischung kontaminiert.

Tomaten

Bloße numerische Pluralität allein erschließt nicht die Fülle des Lebens, und dies noch nicht einmal beim Gemüse. Der Konzern Monsanto »verkauft mehr als 2000 Gemüsesorten an mehr als 160 Länder« und hat süße Tomaten für die USA und bittere für Italien im Programm. Die meisten Sorten sind exzellente Züchtungen von hoher Qualität, aber die Vielfalt ist vorgetäuscht. Die jetzt noch bestehende Vielfalt ist unendlich größer als die Kästchenvielfalt, die übrig bleiben wird, wenn »Monsanto entscheidet, welche Wassermelone in Zukunft in den Supermärkten liegt, wie die Idealtomate schmeckt und welche Gurke es verdient, in Gewächshäusern tausendfach aufgezogen zu werden«. Das Ziel besteht nämlich darin, dass »Monsanto bestimmt, was wir essen – weltweit«. Es ist nicht möglich, alle existierenden Tomatensorten durch eine einzige zu ersetzen. Die Vielfalt kann aber verringert werden, indem man die Gesamtheit der Tomaten nach ihren wichtigsten Geschmacksrichtungen in Gruppen einteilt. Innerhalb jeder Geschmacksrichtung ist es dann viel einfacher, Eindeutigkeit herzustellen, also etwa einige Dutzend eher süße Tomaten durch eine einzige Sorte zu ersetzen. Schwer überschaubare Vielfalt wird auf ein überschaubares Maß an genau definierbaren

Kästchen reduziert. Und das ermöglicht es wiederum, in jedem einzelnen Kästchen größtmögliche Eindeutigkeit herzustellen.

Beim Menschen sind die Verhältnisse naturgemäß etwas komplizierter. Aber auch hier sehen wir, dass die Untergliederung in Kästchen Vielfalt nicht fördert. Kästchenbildung wirkt nicht integrativ, sondern abschottend, trennend, segregierend. Sie führt mithin auch kaum zu Akzeptanz, sondern allenfalls zu Toleranz. Toleranz bedeutet hier aber nur, widerwillig die Existenz von dem, was wir aus vollem Herzen ablehnen, zu dulden. Wollen wir darüber hinauskommen, müssen wir lernen, das Widersprüchliche, das Vage, das Vieldeutige, das Nichtzuzuordnende, das Nichtklärbare als den Normalfall der menschlichen Existenz hinzunehmen, es mindestens zu achten, vielleicht sogar zu lieben.

Sexualität

Dies ist auch im Falle der Sexualität mittels Kästchenbildung nicht gelungen. Diese Kästchenbildung begann gegen Ende des 19. Jahrhunderts damit, die Menschen in Homosexuelle und Heterosexuelle einzuteilen und Sexualität als Teil der Identität eines jeden Menschen anzusehen. Vorher hatte man sexuelle Handlungen vollzogen (und moralisch bewertet und häufig verdammt), aber Menschen, die bestimmte Handlungen vollzogen, wurde nicht eine bestimmte Identität zugewiesen, durch die sie sich von allen anderen Menschen unterscheiden. Vorher hatten Menschen Sex, aber keine Sexualität. Jetzt wurden sexuelle Handlungen als Symptom einer sexuellen Identität angesehen. Eine solche Sexualität hatte jeder, und dies immer, weil sie ja Teil der Identität war. Man hatte jetzt eine Sexualität, auch wenn man gar keinen Sex hatte. Menschen mussten sich von nun an selbst in die Kästchen »Homosexualität« oder »Heterosexualität« einordnen, mussten also, wenn sie sich gleichgeschlechtlich verliebten oder gar gleichgeschlechtlichen Sex haben wollten, eine Identität als Homosexueller akzeptieren, um ihr eigenes Tun erklären und vor sich selbst und anderen rechtfertigen zu können.

Damit wurden aber mindestens ebenso viele Probleme geschaffen wie gelöst. Noch immer ist dieser Identitätsfindungsprozess für viele qualvoll. Als besonders verhängnisvoll wirkte sich die Einführung der Binarität »Homo/Hetero« in Kulturen aus, die traditionell keine Homophobie kannten. In vielen islamischen Gesellschaften etwa war gleichgeschlechtliche Liebe selbstverständlich, und über eventuellen gleichgeschlechtlichen Sex im Privaten sah man ambiguitätstolerant hinweg. Das westliche Konzept der Homosexualität zwingt nun Männer auch in diesen Gesellschaften heute dazu, sich als Homosexuelle (oder nicht als solche) zu definieren. Das steht wiederum dem ausgeprägten Wunsch nach Ehe und Familie entgegen. Und aus diesem Grund sehen manche, die vielleicht durchaus selbst homoerotische Erlebnisse hatten, in den Homosexuellen eine Gefahr für die Gesellschaft. Man könnte also mit einigem Recht die These vertreten, dass das Konzept der identitären Homosexualität Homophobie vielfach erst hat entstehen lassen.

Heute sind zur Homo/Hetero-Binarität noch viele weitere Kästchen hinzugekommen, von denen die vielgebrauchte Abkürzung »LGBT« (also »Lesbian, Gay, Bisexual, Transgender«) nur eine Auswahl bietet. Ob damit den Menschen wirklich geholfen wird, sei dahingestellt. Zülfikar Çetin und Heinz-Jürgen Voß führen entsprechend aus,

> dass die Schaffung und Schärfung klarer Identitäten zentraler Bestandteil des Problems ist – und nicht Teil der Lösung.

> […] Ohne klare Identifizierung wären für Menschen Räume offen, ihre Nähe und Intimität situationsgemäß und im gemeinsamen Miteinander zu entwickeln.

Die Autoren betonen weiterhin, »dass es um die geschlechtliche und sexuelle Selbstbestimmung von Menschen gehen muss und dass diese durch starre Kategorisierungen und Einordnungszwang behindert wird«. Befreiungsdiskurse werden also nicht gleich dann erfolgreicher, wenn sie die Menschen in immer neue Kästchen einsortieren und gleiche Rechte für ihr jeweiliges Kästchen einfordern:

> Die Verfolgung wird sich nicht grundlegend aufheben lassen, sofern die starren Identitäten erhalten bleiben, weil es bei Änderung politischer Kräfteverhältnisse leicht geschehen kann, dass auf Toleranz und Akzeptanz zielende Regelungen in Bezug auf eine Minderheit aufgehoben und durch einen restriktiven Umgang ersetzt werden können. Entsprechend sind legislative, statistische Maßnahmen, die die Menschen nach bestimmten Zuschreibungen/Kennzeichen – etwa rassistisch nach »Ethnie« oder sexistisch nach sexueller Orientierung – kartieren als problematisch zu bewerten.

Der Versuch, Eindeutigkeit in einer uneindeutigen Welt wenigstens dadurch herzustellen, dass man die Vielfalt in der Welt möglichst präzise in Kästchen einsortiert, innerhalb derer größtmögliche Eindeutigkeit herrscht, ist eher dazu geeignet, Vielfalt zu verdrängen als sie zu fördern.

9 Authentischer Wein und authentische Politik

Eine einflussreiche Gruppe von Leuten habe »das Prinzip der Toleranz [...] und des Respekts für unterschiedliche Geschmäcker schon aufgegeben und damit einen grundsätzlichen Aspekt der Demokratie«. Wer hier vor einer Gefährdung der Demokratie warnt, ist kein Politologe. Es ist auch kein Kunstkritiker, der Stilpluralität anmahnt, sondern ein Weinkritiker. Geschrieben hat diese Zeilen Stuart Pigott, der beste Kenner deutscher Rieslingweine, und die im Zitat ausgelassenen Worte lauten »für diverse Weinstile«. Wie es scheint, hat der Authentizitätswahn auch vor der Weinkultur nicht haltgemacht. Auf der einen Seite stehen Weine, die mit moderner, technisch ausgefeilter Vinifikationstechnik erzeugt werden und deshalb dem Ideal von Reinheit und Komplexität, das der Winzer anstrebt, möglichst nahekommen. Auf der anderen Seite steht die ›Natural‹-Wein-Bewegung, »die sich massiv in die entgegengesetzte Richtung bewegt, möglichst weit weg von moderner Technik«. Dadurch seien zwar einige »originelle Gewächse« hervorgebracht worden, aber auch Weine »mit klassischen Weinfehlern, also Weine, die den alten ›Weinschmutz‹ zurückbringen«. In der ›Natural‹-Weinszene werde dies »allerdings gern als Zeichen von Authentizität gefeiert«. Wenn Pigott hier die »Verteufelung der Reinheit« – so der Titel des Beitrags – anprangert, ist damit keineswegs jene Reinheit gemeint, die wir als Kennzeichen des ambiguitätsintoleranten Fundamentalismus beschrieben haben. Es ist vielmehr die Übereinstimmung des Produkts mit den Vorstellungen des Produzenten, der, wenn er ein guter Winzer ist, vielfältige Weine voll Komplexität haben will. Die Reinheit des Weins entspricht also etwa der Perfektion eines Kunstwerks, ein Begriff, der aber nur so lange sinnvoll ist, solange das Kunstwerk als Werk und nicht nur als »authentisches« Kommunikationsangebot aufgefasst wird. Der Authentizitätswahn betrifft also gleichermaßen Wein und Kunst.

Doch statt diese Überlegungen auf noch mehr Lebensbereiche auszudehnen, soll noch einmal kurz die Politik angesprochen werden. Das Extrem der Gleichgültigkeit besteht hier schlicht im Desinteresse, wie es sich von Mal zu Mal in niedrigen Wahlbeteiligungen zeigt. Wenn potentielle Wähler über sich sagen, dass sie das ewige Hin und Her der Politik nicht interessiere, ist dies ein klares Bekenntnis zu Ambiguitätsverweigerung durch Gleichgültigkeit. Von der Ambiguitätsflucht durch fundamentalistische Eindeutigkeitssuche war schon die Rede. Dass auch Fundamentalismus nicht demokratiefördernd ist, liegt auf der Hand. Doch kann, wie Pigott nahelegt, Demokratie auch durch jene Ambiguitätsvermeidungsstrategie gefährdet werden, die Eindeutigkeit durch Authentizität herzustellen versucht, durch jenen Authentizitätsvirus also, der die Politik nicht weniger als den Wein und die Kunst befallen hat?

Als im Januar 2017 die kriselnde SPD Martin Schulz zum Kanzlerkandidaten machte, stiegen die Umfragewerte und die Zahl der Parteimitglieder der SPD erstaunlich rasch an. Wenn man in Straßenumfragen von Passanten wissen wollte, was sie denn an Schulz so schätzten, kam ein Wort immer wieder vor: »Authentizität«. Nun ist Schulz ein Politiker, dem man durchaus Aufrichtigkeit, Volksnähe und Lebenserfahrung zubilligen kann. Auch steht ganz außer Frage, dass er durch und durch Demokrat ist. Ob es aber wirklich ein Kompliment ist, als »authentisch« gewürdigt zu werden, erscheint fraglich. Im Januar 2017 wurde nämlich auch Donald Trump in sein Amt als 45. Präsident der Vereinigten Staaten eingeführt. Fragte man seine Wähler in den USA nach den Gründen, warum sie ihm ihre Stimme gaben, nannten auch sie seine *authenticity* als wichtigsten Grund für ihre Wahlentscheidung.

Aber passen Authentizität und Demokratie überhaupt zusammen? Tatsächlich können Politiker in Demokratien gar nicht authentisch sein. Sie müssen Kompromisse schließen, sie müssen im Interesse des Gemeinwesens oder der Partei auch Positionen vertreten, die nicht ihre Herzenspositionen sind, diplomatisch auftreten und Dinge sagen und tun, die sie außerhalb ihrer Rolle als Politiker nicht sagen oder tun würden.

Jede Demokratie ist auf ein relativ hohes Maß an Ambiguitätstoleranz angewiesen. Demokratisch getroffene Entscheidungen beanspruchen nicht, die alleinige Wahrheit, sondern lediglich die wahrscheinlich bessere Lösung zu sein, und dies auch nicht in alle Ewigkeit, sondern nur so lange, bis eine andere Entscheidung getroffen wird (sind also nicht »alternativlos«, ein Begriff, der 2011 zum Unwort des Jahres gekürt wurde). Immer sind mehrere Lösungen denkbar, und es ist keineswegs gesagt, dass eine getroffene Entscheidung die beste ist, zumal viele Entscheidungen durch sachfremde Erwägungen wie parteipolitisches Taktieren oder Lobbying beeinflusst werden. Parteipolitisches Taktieren ist sicherlich nicht authentisch und demgemäß unbeliebt, aber für das Überleben einer Parteiendemokratie unabdingbar. Eine solche Widersprüchlichkeit lässt sich, wie dies immer bei ambiguitätshaltigen Phänomenen der Fall ist, zähmen und einhegen, beseitigen lässt sie sich nicht. Einen Anspruch auf Wahrheit, Reinheit und überzeitliche Gültigkeit können demokratische Entscheidungen nicht erheben. Könnte es also nicht der Fall sein, dass gerade der Widerwille, Uneindeutigkeit auszuhalten, und der Wunsch, »authentisch« regiert zu werden, zur Erosion der Demokratie in Europa und anderswo beiträgt? Beispiele für diese These liefern Brexit-Britannien, Ungarn, Polen und der Aufstieg populistischer Parteien in anderen Ländern.

Wie aber kann eine Demokratie überhaupt von authentischen Politikern gestaltet werden, wenn die Wähler selbst ebenfalls authentisch sein wollen? Was geschieht, wenn die Authentizität eines Politikers mit den authentischen Erwartungen seiner Wähler nicht übereinstimmt – und dies dürfte eher der Normal- als der Ausnahmefall sein? Strenggenommen bliebe dann dem authentischen Wähler nichts anderes übrig, als sich von der Politik gänzlich abzuwenden oder sich an einem (angeblich) authentischen Politiker ebenso leichthin zu erfreuen wie an einem unverständlichen Kunstwerk eines authentischen Künstlers. Und so, wie aus einem solchen Kunstwerk keine Kunst wird, wird aus der Politik des authentischen Politikers keine erfolgreiche Politik. In beiden Fällen ist es nur der Markt, in dessen ambiguitätsauflösender Kraft man anscheinend auf Rettung hofft. Doch auch der Markt kann es nicht schaffen, Konflikte zu lösen, wenn Demokratien zwischen authentizitätsinduzierter Gleichgültigkeit und fundamentalistischem Eindeutigkeitsstreben zerrieben werden.

Auffällig genug ist immerhin, dass es nach demokratischen Wahlen und Abstimmungen ebenso wie nach undemokratischen Umstürzen in vielen Ländern immer wieder heißt, die Ereignisse hätten gezeigt, dass es sich um ein »tief gespaltenes Land« handele, von den USA über Venezuela, von Ägypten über die Türkei, von Frankreich über Großbritannien. Eine solche Gespaltenheit lässt sich aber weder durch Authentizitätsverherrlichung, Identitätshuberei noch durch fundamentalistisches Wahrheitsbeharren überwinden. Ohne Akzeptanz einer notwendigen, wenn auch lästigen, Diskrepanz zwischen den eigenen Wünschen, Idealen und Überzeugungen einerseits und den Erfordernissen der Um- und Mitwelt andererseits, also kurz: ohne Ambiguitätstoleranz, wird sich diese Gespaltenheit nicht überwinden lassen, sondern sich immer weiter vertiefen.

Gesetzt den Fall, dass der Kapitalismus auf den authentischen Konsumenten angewiesen ist, Authentizität und Demokratie aber kaum miteinander vereinbar sind: Sind Kapitalismus und Demokratie dann überhaupt dauerhaft miteinander vereinbar?

10 Auf dem Weg zum Maschinenmenschen

Um die Vielfalt steht es schlecht. In der Natur nimmt sie ebenso ab wie in der Kultur. Nur die bunte Welt des Konsums versorgt uns noch mit einer Fassade der Vielfalt, der Fassade einer Scheinvielfalt allerdings, hinter der sich ein ewiggleiches Einerlei an billigen Sinnesreizen für raschen Augen-, Ohren- und Gaumenkonsum verbirgt. Sieht es im Bereich der Wissenschaft besser aus? Der Literaturwissenschaftler Jürgen Wertheimer erkennt einen neuen

> Clash of Cultures, der sich – weltweit und unabhängig von einzelnen Religionen oder Systemen – schon seit einiger Zeit angebahnt hat: dem zwischen monologischem engen, auf Eindeutigkeit zentrierten Denken auf der einen und einer Lebensweise und Denkart auf der anderen Seite, die sich der Vielfältigkeit, Ambivalenz und Mehrdeutbarkeit der Wirklichkeit stellt. Ich hoffe, die Uni weiß, auf welcher Seite sie steht, zu stehen hat!

Als Ursachen für diese Vereindeutigung der Welt lassen sich eine Reihe äußerer Faktoren ausmachen. Dass Bürokratisierung und Technisierung auf Eindeutigkeit abzielen, ist naheliegend. Noch wichtiger sind wohl unsere kapitalistische Gesellschaftsstruktur und ihre Folgeerscheinungen wie Konsum und Globalisierung. Aber all diese Entwicklungen sind nicht vom Himmel gefallen, sind kein prinzipiell unentrinnbares Schicksal. Vielmehr kultivieren wir wie nie zuvor Strategien der Disambiguierung. Anders als in früheren Epochen spielen Strategien der Vereindeutigung, die von Mächtigen eingerichtet und angewendet werden, heute eine geringere Rolle als jene Vereindeutigkeitsbestrebungen, die von den Individuen selbst ausgehen. Offensichtlich sehen viele Zeitgenossen in einer stärkeren Vereindeutigung gerade eine Chance, ein Versprechen. Sie wollen in einer eindeutigeren Welt leben und handeln entsprechend. Es geht dem Menschen mit der Vereindeutigung der Welt in etwa so wie Goethes Fischer mit dem »feuchten Weib«: »Halb zog sie ihn, halb sank er hin.« Was etwa zwingt Eltern in relativ wohlhabenden Gesellschaften zur mehr als zweifelhaften Strategie, ihre Kinder schon von frühester Kindheit an zu wohlgeschmierten Rädchen im kapitalistischen Verwertungssystem zu formen anstatt sie frei spielen, malen und musizieren zu lassen?

In Gesellschaften, in denen Ambiguität tendenziell als unangenehm empfunden wird, werden sich Menschen, die sich unwohl fühlen, wenn sie mit zweideutigen Situationen konfrontiert werden, Angebote der Vermeidung von Zweideutigkeit tendenziell eher annehmen und bei erfolgreicher Mehrdeutigkeitsvermeidung nach noch mehr Vereindeutigung streben. Ein Symptom hierfür ist der heute allgemeine Erklärungs- und Verstehenswahn. Alles muss erklärt werden, alles soll verstanden werden, und wenn man etwas nicht versteht, gilt es nichts. Im Theater etwa, eigentlich einem Refugium der Ambiguität, übernimmt diese Aufgabe der Regisseur, der den Zuhörern (nicht immer erfolgreich) vor Augen führen will, was das Theaterstück oder die Oper seiner Meinung nach bedeuten, warum dieses Stück in unsere heutige Zeit passt und welche Botschaft es uns Heutigen ausrichten soll.

In der Kunst ist dieses Verfahren geradezu obligatorisch, weil es ermöglicht, eine fehlende Mehrdeutigkeit aufgrund von Bedeutungslosigkeit in eine ebenfalls fehlende Mehrdeutigkeit in Form von Eindeutigkeit zu überführen. So bedeutet etwa ein Trampelpfad durch Felder (vgl. Pawel Althamer, »Skulptur Projekte Münster 07«) erst einmal gar nichts (oder alles). Der Künstler erklärt aber, er habe damit sagen wollen, dass sich die Menschen nicht immer in eingefahrenen Bahnen bewegen, sondern manchmal etwas Außergewöhnliches wagen sollen. So wird also mit einem Satz aus einem Werk, das nichts bedeutet, ein eindeutiges (und ziemlich triviales). Bedeutungslosigkeit und Eindeutigkeit liegen nahe beieinander. Sie lassen sich leicht ineinander überführen, eröffnen aber keinen Weg zu einer Vielfalt an Bedeutungen, ergeben keinen sinnvoll strukturierbaren Interpretationsspielraum.

Viele Menschen, denen immer alles erklärt wird und denen eine Welt ohne Geheimnisse, ohne Unerklärbares und Überkomplexes vorgegaukelt wird, glauben schließlich selbst, alles zu verstehen. Deshalb hat man immer und zu allem eine Meinung. Eine Meinung zu haben, wird geradezu vorausgesetzt. Als ich einmal unversehens in eine Meinungsumfrage geraten war, reagierte der Interviewer ungehalten, als ich ihm erklärte, ich habe zur Präimplantationsdiagnostik keine Meinung, weil ich darüber noch nie ernsthaft nachgedacht hätte und ohnehin nicht betroffen sei. Aber ich müsse doch wenigstens eine Meinung haben, meinte er.

Da alle zu allem eine Meinung haben, wächst das Misstrauen gegenüber der Wissenschaft. Wozu braucht man richtige Experten, wenn man doch selbst schon alles durchschaut hat? Wozu braucht man zum Beispiel professionelle Islamwissenschaftler, wenn das ganze Volk aus Islamexperten besteht? In Fernsehtalks werden Wissenschaftler ohnehin kaum noch eingeladen, weil sie die Sachen immer nur kompliziert machen und manchmal sogar schwierige Fremdwörter gebrauchen, die man erklären muss, damit alle alles sofort verstehen können. Meine persönliche Revanche für das ausufernde Pseudoexpertentum besteht darin, zu Zeiten einer Fußballweltmeisterschaft zusammen mit allen anderen Menschen zum Fußballexperten zu mutieren und die anderen Fußballexperten mit besonders ahnungslosen, aber wenigstens eindeutigen Kommentaren über ein Sportgeschehen, von dem ich nicht viel verstehe, zu ärgern.

Der Drang dazu, Vieldeutigkeit zu meiden, ist nicht absolut und nicht überall gleich stark. Der Ambiguitätsintoleranz scheint auch ein sich selbst verstärkender Mechanismus zu Grunde zu liegen. Je mehr Angebote der Ambiguitätsvermeidung zur Verfügung gestellt werden, je attraktiver die Vermeidung von Mehrdeutigkeit erscheint, desto intensiver geben sich alle dem Streben nach Eindeutigkeit hin. Folge einer stärkeren Ambiguitätsintoleranz in einer Gesellschaft ist nicht nur, dass Ambiguität insgesamt stärker vermieden wird, sondern dass auch seltener ambiguitätsreiche Werke geschaffen werden. Dagegen sind Personen mit hoher Ambiguitätstoleranz nicht nur weniger bestrebt, Ambiguität zu vermeiden, sondern sie suchen und genießen sie sogar und stellen bewusst und lustvoll Ambiguität her. Floriert etwa die Lyrik, werden zahlreiche oft anspielungsreiche Gedichte verfasst und gelesen, kann dies als ein deutliches Zeichen für eine erhöhte Ambiguitätstoleranz verstanden werden. Bei uns dominiert aber ein anderes Genre die Literatur über die Maßen: der Krimi. Gegenstand eines Krimis ist aber nicht die Herstellung von Ambiguität, sondern zumeist deren Auflösung. Eine ambige Situation (z. B.: Wer ist der Mörder?) steht am Anfang, die im Verlauf des Krimis eindeutig aufgelöst wird. Krimis, in denen das nicht geschieht, sind versucht worden, haben sich aber nur selten durchsetzen können.

Ambiguitätsauflösung scheint uns heute offensichtlich entspannender als Ambiguitätserzeugung zu sein. Unsere Fernsehprogramme bestehen fast ausschließlich aus Formaten, die ambiguitätslos sind (Nachrichten, Sport, Börse, Reality-TV) oder die zeigen, wie Ambiguität beseitigt wird (Krimi, Quizsendung). Gute Krimis stellen fraglos eine Bereicherung dar. Stutzig macht wiederum das parasitäre Überhandnehmen des Genres. Talkrunden wiederum, die die restliche Sendezeit füllen, lassen entweder konträre, immer eindeutige Positionen aufeinanderprallen, ohne dass sich einer der Beteiligten bewegen müsste, oder geben oft erstaunlich unwissenden Prominenten die Gelegenheit, sich als authentisch zu präsentieren. Eine komplexe Kontextualisierung der Sachverhalte, ein kritisches Hinterfragen leichtfertig verwendeter Begriffe und ein vorsichtiges Abwägen des Für und Widers würde den Spaß nur verderben.

Wir haben auf den vorherigen Seiten verschiedene Strategien, Ambiguität zu bekämpfen, aufgezeigt. Eine Strategie besteht darin, Eindeutigkeit nach außen durchzusetzen. Eindeutigkeit ist das Ergebnis der Strategie. Eine andere Strategie, die der Authentizität, besteht darin, Eindeutigkeit mit dem Subjekt herzustellen. Eine totalitäre Ideologie verlangt, dass alles exakt so ist, wie es sich die Ideologie vorstellt. Im Diskurs der Authentizität ist alles dann gut, wenn es so ist, wie ich mir das vorstelle. Eindeutigkeit und Authentizität sind nur scheinbar Widersprüche. Es sind nur zwei Seiten derselben Medaille. Raum für Vieldeutigkeit bietet keiner der beiden Ansätze, beide werden jedoch weithin hingenommen. Wenige nur scheinen unter dieser Vereindeutigung der Welt zu leiden, ja viele scheinen eine noch stärkere Vereindeutigung geradezu herbeizusehnen. Wagen wir als Gedankenspiel die Frage, wie dies zu erreichen wäre.

Mehrdeutigkeit und Vagheit lassen sich, wie wir sahen, nie völlig beseitigen. Vielmehr führt der Versuch, Ambiguität zu vernichten, in der Regel nur zu noch mehr Ambiguität. Ambiguitätstoleranz mag in größerem oder kleinerem Maße vorhanden sein, ganz ohne sie lässt sich jedoch nicht leben. Wenn sie aber zur *conditio humana* gehört, kann sie nur dann vollständig entbehrlich werden, wenn die *humanitas* selbst verschwindet. Einen Prozess der Enthumanisierung sah der Psychoanalytiker und Soziologe Alfred Lorenzer 1981 schon bei der Betrachtung des modernen Städtebaus am Werke, denn

»die Vertreibung menschlicher Erlebniserwartungen aus dem aktuellen Bild unserer Städte ist nur ein kleiner, wiewohl wahrnehmbarer Teil des umfassenden Prozesses der Enthumanisierung der Lebenswelt«.

Während für Lorenzer und wahrscheinlich für die meisten Enthumanisierung ein Schreckensszenario darstellt, gibt es Utopisten, die bereits von einem Transhumanismus oder Posthumanismus träumen, in dem Maschinenmenschen endlich ein völlig ambiguitätsfreies Leben führen werden – sofern man ein solches Dasein noch Leben nennen will. Die raschen Fortschritte in der Entwicklung künstlicher Intelligenz weisen deutlich in diese Richtung. Autos, die an unserem Gesichtsausdruck und an anderen Biodaten unsere Stimmung, unsere Wachheit und unsere Bedürfnisse ablesen, könnten uns schon bald alle Entscheidungen abnehmen. Eine solche neue Technologie »soll unsere Unzulänglichkeiten ausgleichen und uns gefahrlos durch die beste aller Welten lotsen«. Künstliche Intelligenz bewegt sich »Schritt für Schritt darauf zu, die *menschliche Entscheidungsfindung zu führen*«, so der Philosoph Éric Sadin. Jedes Mal, wenn es gilt, sich zu entscheiden, liegt eine Situation der Ambiguität vor, weil man sich entweder so oder so entscheiden kann. Jede Entscheidung ist deshalb auch ein Prozess der Entambiguisierung. Zumindest diesen Prozess könnten uns schon bald Maschinen abnehmen. Für Sadin bedeutet dies, dass der Mensch in zweifacher Hinsicht neu positioniert werde, nämlich erstens »in ontologischer Hinsicht«, denn er gelte nicht mehr »als das einzige mit Urteilsfähigkeit begabte Wesen«, sondern er werde »durch eine neue, als überlegen angesehene Wahrheitsinstanz verdrängt«. Zweitens werde er »anthropologisch« an den Rand geschoben, denn nicht mehr der Mensch

> übt mithilfe seines Geistes, seiner Sinne und seines Wissens Gestaltungsmacht aus, sondern eine als leistungsfähiger

angesehene Interpretations- und Entscheidungsgewalt, die ihn aus immer weiteren Lebensbereichen ausschließen soll, nicht zuletzt aus dem Arbeitsleben.

Die Ambiguitätsfeindlichkeit des Kapitalismus würde triumphieren, denn

> mit exponentiell wachsender Geschwindigkeit zerstört der allein an Privatinteressen orientierte Geist von Silicon Valley die Grundprinzipien des europäischen Humanismus und dessen Überzeugung von der autonomen Erkenntnis und der freien Entscheidung ebenso wie die aus diesen Maximen abgeleiteten Schlussfolgerungen: das Prinzip der Verantwortung und das Recht der Gesellschaften, gemeinsam über ihr Geschick zu bestimmen.

Wenn Maschinen über Wahrheit entscheiden, kann man endlich ambiguitätsfrei in Gleichgültigkeit dahinleben.

Man könnte vielleicht sogar selbst zur Maschine werden, zumindest teilweise. Die Verschmelzung von Mensch und Maschine zu einem einzigen Wesen im Cyborg wird gegenwärtig von Neuralink, einem der vielen Unternehmen von Elon Musk, vorangetrieben, das nach Möglichkeiten sucht, das menschliche Gehirn mit dem Computer zu verbinden. Einstweilen geht es angeblich vor allem darum, Behinderten zu helfen, aber »schon in acht bis zehn Jahren soll Neuralinks Verbindung von Gehirnen und Computern auch völlig gesunden Menschen zur Verfügung stehen«. Musk fürchtet nämlich, dass künstliche Intelligenz uns sonst überholen könne. Genau aus diesem Grund sollten wir »nicht zu früh eine digitale Superintelligenz entwickeln, bevor wir kein Hirn/Computer-Interface bauen können«. Der Maschinenmensch soll uns also vor dem Triumph der reinen Maschine retten.

In Europa findet der Transhumanismus nicht ganz so rasch Anhänger wie im Silicon Valley, Bemühungen um Fortschritte in Richtung Maschinenmensch sind jedoch auch hier unübersehbar. Der Anblick von Menschen, die verkabelt mit Ohrstöpseln durch die Gegend laufen und dabei auf einen Bildschirm starren, ist längst alltäglich geworden. Eine Partnersuche mit Hilfe von Dating-Apps macht sich ausgefeilte Algorithmen zu Nutze, um uns allzu ambiguitätshaltige Begegnungen zu ersparen. Und mit *virtual reality equipment* kann man in eine ambiguitätsfreie Welt eintauchen.

Jedem, dem das jetzt noch zu unauthentisch ist, kann durch ein anderes Gerät geholfen werden, den Fitness-Tracker. Tatsächlich »besitzen schon mehr als 31 Prozent der Menschen im Land einen digitalen Fitness-Tracker«. 2014 wurden allein in Deutschland »3,6 Millionen Geräte verkauft«. Ein solches Gerät ist freilich auch ein Wunderwerk der Vereindeutigung in jeder Hinsicht. Zunächst setzt es den eigenen Körper in Zahlen um, also in Daten, die völlig eindeutig sind. Diese Daten gelten dann als besonders gut, wenn man sich im Zuge der Selbstoptimierung möglichst viel bewegt und möglichst viel geschwitzt hat. Schwitzen ist aber auch irgendwie authentisch. Damit sind alle Vereindeutigungsdiskurse zusammengeführt. Vielleicht ist dies überhaupt die große Utopie unserer Zeit: Ideal ist der schwitzende, authentische, ambiguitätsfreie Maschinenmensch, der selbstoptimiert im kapitalistischen Verwertungsprozess völlig effektiv funktioniert.

Ist denn eine Welt, in der die Utopie des ambiguitätsfreien Maschinenmenschen verwirklicht wurde, noch eine lebenswerte? Könnte sie demokratisch regiert werden, könnten sich in ihr die Menschen in ihrer unterschiedlichen, gar widerständigen Persönlichkeit (falls es so etwas wie Persönlichkeit dann überhaupt noch gibt) entfalten, würde es noch Schönheit und die Fähigkeit, sie zu empfinden, geben? Unter der Voraussetzung, dass nicht: Möchte man in einer solchen Welt leben? Falls aber nicht: Was könnte man gegen eine solche Entwicklung tun?

Ambiguitätsintoleranz ist Teil einer Mentalität, und Mentalitäten kann man, anders als Redner, die einen »Ruck«, der durch die Bevölkerung gehen müsse, herbeireden wollen, nicht durch einfache Maßnahmen und schon gar nicht kurzfristig ändern. Auch die Niederlage des Kapitalismus wird einstweilen auf sich warten lassen.

Dennoch könnte es noch möglich sein, den Prozess der Bedeutungsvernichtung durch fundamentalistische Vereindeutigung einerseits und durch bedeutungsnegierende Gleichgültigkeit andererseits zumindest zu bremsen. Dazu müssen zunächst Kunst, Religion, Wissenschaft, Politik und Natur wieder ihren Eigenwert zurückerhalten, anstatt auf die verführerische Eindeutigkeit ihres Marktwerts reduziert zu werden, die sie letztlich zu völliger Bedeutungslosigkeit verurteilt. Dies kann nur geschehen, indem ihnen Ernsthaftigkeit und Respekt zuteilwird: Respekt vor der Natur, vor Mitmenschen unterschiedlicher Herkunft, Religion, Neigung und Fähigkeit, vor künstlerischer Kreativität, wissenschaftlichem Erkenntnisstreben und politischem und gesellschaftlichem Engagement. Nur dann, wenn diese Felder ernsthaft bestellt werden, kann eine Welt der Bedeutungsvielfalt gedeihen, eine Welt, in der Ambiguität als Bereicherung und nicht als Makel empfunden wird.

Man könnte dabei von vormodernen Gesellschaften lernen, in denen über lange Zeit eine sehr ambiguitätstolerante Mentalität herrschte. Dort wurde Ambiguität nicht nur geschätzt und gepflegt, sondern regelrecht eingeübt, fand sozusagen ein ständiges »Ambiguitätstraining« statt. Vorrangige Trainingsfelder sind jene Bereiche, die sich traditionell durch große Ambiguität auszeichnen, also Kunst, Musik, Literatur und Verwandtes. Die Kunsthistoriker Christian Saehrendt und Steen T. Kittl empfehlen entsprechend, Kunst könne dabei helfen, das auszubilden,

> was die Psychologen »Ambiguitätstoleranz« nennen – die Fähigkeit, Mehrdeutigkeiten, unlösbare Widersprüche und Ungewissheiten auszuhalten, nicht nur bei anderen, sondern auch bei sich selbst. Kunst hilft uns, eine differenziertere Gefühlskultur zu entwickeln.

Freilich gilt dies wohl nur für Kunst, Musik und Literatur, die weder von fundamentalistischer Eindeutigkeit noch von postmoderner Beliebigkeit ist. Nicht alle Probleme lassen sich mit popkultureller *coolness* lösen.

Im Maschinenmenschen sind alle auf Ambiguitätsintoleranz gründenden Utopien des Fundamentalismus verwirklicht: die Wahrheitsobsession, weil nun eine übermenschliche Wahrheitsinstanz waltet, die Geschichtsverneinung, weil die neue Maschinenwelt die alte, verworrene Welt vollständig ablöst, und das Reinheitsstreben, weil kein Zweifel, keine Unentschiedenheit mehr den reibungslosen Gang der Maschine beeinträchtigt. Wem dies keine attraktive Zukunftsperspektive ist, muss nach einem Gegengift suchen, das Ambiguitätslust steigert. Wirksamer als Ich-hab'-da-mal-'ne-Idee-Kunst könnten Kunst, Literatur und Musik sein, die im menschlichen Schaffensprozess einen Selbstwert sehen und bestrebt sind, die Grenzen der Gestaltungsfähigkeit des Menschen, auch seiner handwerklichen und ästhetischen, zu erweitern. Nur so ließe sich eine Rezeptionshaltung fördern, die über eine Aufmerksamkeitsspanne von mehr als elf Sekunden verfügt. Bedeutungsvolle Kunst im öffentlichen Raum (und nicht nur im Museum), die Schaffung von schönen Plätzen für geselligen Austausch in unseren Städten, Kunst-, Musik- und Instrumentalunterricht durch alle Klassen (Fächer, die im schulischen Curriculum heute marginalisiert sind), die Auseinandersetzung mit assoziationsoffener Literatur, eine naturkundliche Bildung, die die Schönheit, Vielfalt und Verletzlichkeit unserer Natur vermittelt: All das könnten erste Nothilfemaßnahmen sein, um der Vereindeutigung unserer Welt entgegenzuwirken. Sie würden sich auszahlen.

Zitatnachweise und Literaturhinweise*

Kapitel 1

Peter Berthold: Unsere Vögel. Warum wir sie brauchen und wie wir sie schützen können. Berlin 2017. (Zitate: S. 83, 91, 92.) – Gesellschaft zur Erhaltung alter und gefährdeter Haustierrassen: Rote Liste der bedrohten Nutztierrassen in Deutschland 2016. http://www.g-e-h.de/images/stories/news/pdf/roteliste.pdf. – Silvia Liebrich: Rettet die Vielfalt! In: Süddeutsche Zeitung. 10./11. September 2016. S. 26. – Gesellschaft für bedrohte Sprachen e. V. http://www.uni-koeln.de/gbs/. – Stefan Zweig: Die Monotonisierung der Welt. In: S. Z.: Zeiten und Schicksale. Aufsätze und Vorträge aus den Jahren 1902–1942. Frankfurt a. M. 1990. S. 30–39. (Zitate: S. 30, 33.)

Kapitel 2

Zu Ambiguität und Kultur vgl. Thomas Bauer: Die Kultur der Ambiguität. Berlin 2011. S. 26–41 [u. ö.]. – Zygmunt Bauman: Moderne und Ambivalenz. Das Ende der Eindeutigkeit. Hamburg 2005. S. 90.

Kapitel 3

Zu Ambiguität aus psychologischer Sicht mit Verweis auf neuere Arbeiten vgl. Bauer: Kultur der Ambiguität. S. 36–38; wichtige neuere Arbeiten zu Kultur und Ambiguität, die dadurch angeregt wurden, sind z. B. Andreas Pietsch / Barbara Stollberg-Rilinger (Hrsg.): Konfessionelle Ambiguität. Uneindeutigkeit und Verstellung als religiöse Praxis in der Frühen Neuzeit. Gütersloh 2013; Oliver Auge / Christiane Witthöft (Hrsg.): Ambiguität im Mittelalter. Berlin/Boston 2016. – Christopher Baethge: Amerika, Blicke. Über den Umgang mit Ambivalenz. In: Merkur 58 (2004) S. 316–324. (Zitate: S. 316 f., 322 f.) – Matthias Drobinski:

* Alle Internetquellen zuletzt abgefragt am 22. Juni 2017.

Die vielen Stimmen des Herrn. In: Süddeutsche Zeitung. 13. Februar 2013. S. 4. – Christian Windler: Regelobservanz und Mission. Katholische Ordensgeistliche im Safavidenreich (17. und frühes 18. Jahrhundert). In: Arne Karsten / Hillard von Thiessen: Normenkonkurrenz in historischer Perspektive. Berlin 2015. S. 39–63. (Zitat: S. 46). – Christian Windler: Uneindeutige Zugehörigkeiten. Katholische Missionare und die Kurie im Umgang mit *communicatio in sacris*. In: Pietsch / Stollberg-Rillinger: Konfessionelle Ambiguität. S. 314–345. (Zitate: S. 315, 338) und mündliche Kommunikation November 2016. – Hubert Wolf: Krypta. Unterdrückte Traditionen der Kirchengeschichte. München 2015. (Zitat: S. 53 f.) – Alfred Lorenzer: Das Konzil der Buchhalter. Die Zerstörung der Sinnlichkeit. Eine Religionskritik. Frankfurt a. M. 1981. (Zitate: S. 81 f., 235) – Volker Reinhardt: Die Tyrannei der Tugend. Calvin und die Reformation in Genf. München 2009. (Zitate: S. 25, 28, 69, 79.) – Zum Islam vgl. Bauer: Kultur der Ambiguität. S. 143–191 (u. ö.).

Kapitel 4

Detlef Pollack / Gergely Rosta: Religion in der Moderne. Ein internationaler Vergleich. Frankfurt a. M. / New York 2015. (Zitat: S. 314.) – Interview mit Ananya Vajpeyi unter dem Titel: Eine homogene Gesellschaft bedroht die Demokratie. In: Süddeutsche Zeitung. 23. Mai 2017. S. 10. – Jürgen Kaube: Die Dschihad-Ingenieure. FAZ-Net, 29. 3. 2016. http://www.faz.net/aktuell/feuilleton/viele-terroristen-sind-scheinbar-ingenieure-14148612.html?printPagedArticle=true#pageIndex_2.

Kapitel 5

Christoph Bode: Ästhetik der Ambiguität. Zur Funktion und Bedeutung von Mehrdeutigkeit in der Literatur der Moderne. Tübingen 1988. S. 2; vgl. auch Umberto Eco: Das offene Kunstwerk. Frankfurt a. M. 1973. (Italienisches Original: Opera aperta. Mailand 1962.) – Theodor W. Adorno: Philosophie der neuen Musik. Frankfurt a. M. 2013. (Zuerst 1958. Zitate: S. 15, 46.) – Johan Huizinga: Homo ludens. Vom Ursprung der Kultur im Spiel. Reinbek bei Hamburg 1987. (Zitate: S. 57, 114.) – Clement Greenberg: Die Essenz der Moderne. Ausgewählte Essays und Kritiken. Hrsg. von Karlheinz Lüdeking. Dresden 1997. (Zitate: S. 74 f., 78, 267.) – Adolf Loos. Ornament und Verbrechen. In: Adolf Loos: Sämtliche Schriften in zwei Bänden. Erster Band, hrsg. von Franz Glück. Wien/München 1962. S. 276–288. (Zitat: S. 277 f.). – Jürgen Weber: Entmündigung der Künstler. München ²1981. S. 136. – Jürgen Weber: Das Narrenschiff. München 1994. S. 60. – Wir wollen noch nicht sterben. Interview Zentrum für politische Schönheit. In: art. Das Kunstmagazin. http://www.art-magazin.de/szene/8317-rtkl-interview-zentrum-fuer-politische-schoenheit-wir-wollen-noch-nicht-sterben. – MDR Sachsen. 10. 3. 2017: Ermittlungen wegen Galgenattrappe bei Pegida eingestellt. http://www.mdr.de/sachsen/dresden/ermittlungen-galgen-bei-pegida-dresden-eingestellt-100.html. – Wolfgang Ullrich: Siegerkunst. Neuer Adel, teure Lust. Berlin 2016. S. 20.

Kapitel 6

Greenberg: Die Essenz der Moderne. (Zitate: S. 195, 461.) – Weber: Narrenschiff. (Zitate: S. 430.) – Daimler Art Collection: Berhard Heiliger. Tag und Nacht, 1983. http://art.daimler.com/artwork/tag-und-nacht-bernhard-heiliger-1983/. – Christian Saehrendt / Steen T. Kittl: Ist das Kunst oder kann das weg? Vom wahren Wert der Kunst. Köln 2016. (Zitate: S. 131, 161, 200, 204 f., 222.) – Frances Stonor Saunders: Modern Art was CIA ›weapon‹. In: The Independent, 21. 10. 1995. http://www.independent.co.uk/news/world/modern-art-was-cia-weapon-578808.html. – Byung-Chul Han: Die Errettung des Schönen. Frankfurt a. M. 2015. (Zitate: S. 9, 33.) – Ullrich: Siegerkunst. (Zitate: S. 9, 47, 71, 99 ff.) – Weber: Entmündigung des Künstlers (Zitate: S. 29, 141.) – Jan Kedves: Hitfabrik. In: Süddeutsche Zeitung. 28. Januar 2016. S. 11. (Unter Berufung auf das Buch *The Song Machine* von John Seabrook.)

Kapitel 7

Raphael Dillhof: Aber hier leben, nein danke! Brutalismus als digitaler Zombie. In: art. Das Kunstmagazin. http://www.art-magazin.de/architektur/12159-rtkl-brutalismus-als-digitaler-zombie-aber-hier-leben-nein-danke. – Moritz Rinke: Drama, Baby! In: Süddeutsche Zeitung. 21. Juni 2017. S. 9. – Thomas Hahn: Ulk total authentisch. Tausende Jugendliche feiern die Premiere des ersten Youtuber-Kinofilms. In: Süddeutsche Zeitung. 20. Juli 2015. S. 8. – Adriano Sack: Der Mittelfinger ist der neue Handkuss. In: Die Welt, 9. März 2016. Internetquelle: https://www.welt.de/politik/deutschland/article153025827/Mittelfinger-ist-der-neue-Handkuss.html.

Kapitel 8

Ludwig Ferdinand Clauß: Semiten der Wüste unter sich. Miterlebnisse eines Rassenforschers. Berlin 1937. (Zitat: S. 25.) – Ludwig Ferdinand Clauß: Rasse und Seele. Eine Einführung in die Rassenseelenkunde. Berlin [12]1938. (Zitate: S. 9 f., 97 f.) – Peter Weingart: Doppel-Leben. Ludwig Ferdinand Clauss: Zwischen Rassenforschung und Widerstand. Frankfurt a. M. / New York 1995. (Zitate: S. 59 f., 83.) – Alain de Benoist: Kulturrevolution von rechts. Gramsci und die Nouvelle Droite. Krefeld 1985. S. 14. – Kathrin Werner: Was die Welt isst. In: Süddeutsche Zeitung. 13/14. April 2017. S. 17. – Zu Homosexualität und Islam vgl. Bauer: Kultur der Ambiguität. S. 268–311. – Zülfikar Çetin / Heinz-Jürgen Voß: Schwule Sichtbarkeit – schwule Identität. Kritische Perspektiven. Gießen 2016. S. 132–134.

Kapitel 9

Stuart Pigott: Die Verteufelung der Reinheit. In: Fine. Das Magazin für Genuss und Lebensstil 1 (2017) S. 30–31.

Kapitel 10

Jürgen Wertheimer: Langeweile-Legebatterie. In: Forschung & Lehre 6 (2017) S. 481. – Skulptur projekte münster 07. Köln 2007. S. 8 f. – Zur Lust an der Herstellung von Ambiguität vgl. A. P. MacDonald Jr.: Revised Scale for Ambiguity Tolerance. Reliability and Validity. In: Psychological Reports 26 (1970) S. 791–798 und Stanley Budner: Intolerance of Ambiguity as a Personality Variable. In: Journal of Personality 30 (1962) S. 29–50; vgl. auch Bauer: Kultur der Ambiguität. S. 249 ff. – Lorenzer: Konzil der Buchhalter. S. 19 – Éric Sadin: Das geht zu weit! In: Die Zeit Nr. 24 (7. Juni 2017) S. 8. – Neuralink: Elon Musk erklärt die ambitionierten Ziele seines neuen Startups. http://t3n.de/news/neuralink-elon-musk-gehirn-telepathie-816843/. – Kim Björn Becker: Mein besseres Ich; Auf Schritt und Tritt. In: Süddeutsche Zeitung. 7. April 2017. S. 35. – Zum Ambiguitätstraining vgl. Bauer: Kultur der Ambiguität. S. 253–267. – Saehrendt / Kittl: Ist das Kunst. S. 232 f.

Zum Autor

Thomas Bauer, geboren 1961 in Nürnberg, studierte in Erlangen Semitistik, Islamwissenschaft und Germanistik und habilitierte sich dort 1997. Seit 2000 ist er Professor für Islamwissenschaft und Arabistik an der Universität Münster. Seine Forschungen umfassen Themen der Kulturgeschichte und der Historischen Anthropologie wie Liebe und Sexualität, Religiosität, Tod, Fremdheit und Ambiguitätstoleranz sowie die Geschichte der Klassisch-Arabischen Literatur und Rhetorik. Bauer war 2006–07 Fellow am Wissenschaftskolleg Berlin, ist Mitglied der Nordrhein-Westfälischen Akademie der Wissenschaften und der Künste und wurde 2013 mit dem Gottfried Wilhelm Leibniz-Preis ausgezeichnet.

Veröffentlichungen (Auswahl)

Liebe und Liebesdichtung in der arabischen Welt des 9. und 10. Jahrhunderts. Wiesbaden 1998.

Todesdiskurse im Islam. In: Asiatische Studien 53 (1999) S. 5–16.

Ibrāhīm al-Miʿmār: Ein dichtender Handwerker aus Ägyptens Mamlukenzeit. In: Zeitschrift der Deutschen Morgenländischen Gesellschaft 152 (2002) S. 63–93.

Vom Sinn der Zeit. Aus der Geschichte des arabischen Chronogramms. In: Arabica 50 (2003) S. 501–531.

Rhetorik: Arabische Kultur. In: Rhetorik. Begriff – Geschichte – Internationalität. Hrsg. von Gert Ueding. Tübingen 2005. S. 283–300.

Die Kultur der Ambiguität. Eine andere Geschichte des Islams. Berlin 2011.

Musterschüler und Zauberlehrling: Wieviel Westen steckt im modernen Islam? In: Rottenburger Jahrbuch für Kirchengeschichte 31 (2012) S. 73–83.

Islam und »Homosexualität«. In: Thomas Bauer u. a.: Religion und Homosexualität. Göttingen 2013. S. 71–89.

»*Ayna hādhā min al-Mutanabbī!*« Toward an Aesthetics of Mamluk Literature. In: Mamlūk Studies Review 17 (2013) S. 5–22.
Male-Male Love in Classical Arabic Poetry. In: The Cambridge History of Gay and Lesbian Literature. Hrsg. von E. L. McCallum und Mikko Tuhkanen. Cambridge 2014. S. 107–124.
Ambiguität in der klassischen arabischen Rhetoriktheorie. In: Ambiguität im Mittelalter. Hrsg. von Oliver Auge und Christiane Witthöft. Berlin/Boston 2016. S. 21–47.
Warum es kein islamisches Mittelalter gab. Das Erbe der Antike und der Orient. München 2018.